AF417433

Gustavo Néstor Fernández

EL TURISMO, EL TURISTA Y EL DERECHO DEL TURISMO

Gustavo Néstor Fernández

Ediciones **TURISMO y DERECHO**
www.turismoyderecho.com.ar

2017

Fernández, Gustavo Néstor
El turismo, el turista y el derecho del turismo / Gustavo Néstor Fernández. - 1a ed . - Rosario : Gustavo Néstor Fernández, 2017.
120 p. ; 21 x 14 cm.

ISBN 978-987-42-3210-6

1. Derecho. 2. Turismo. I. Título.
CDD 346.024

Fernández, Gustavo Néstor
El turismo, el turista y el derecho del turismo / Gustavo Néstor Fernández. - 1a ed . - Rosario : Gustavo Néstor Fernández, 2017.
Libro digital, PDF

Archivo Digital: descarga
ISBN 978-987-42-3213-7

1. Turismo. 2. Derecho. 3. Turistas. I. Título.
CDD 346.024

Palabras preliminares

El presente trabajo es una adecuación a éstos tiempos de algunas ideas que pusimos por escrito allá por el año 2005, con motivo de publicar el segundo volumen del *Manual de Derecho Hotelero y Turístico*.

Como es de esperar, han cambiado cifras, institutos y relaciones vinculadas al turismo y por ello quisimos ponernos al día, y es así que empezamos a adecuar algunos conceptos a los tiempos que corren, modificar cifras, interpretar sentencias que fueron apareciendo y en definitiva, poner en valor lo que comenzamos hace más de una década y hoy resulta imperioso actualizar.

Sin embargo, hay categorías y clasificaciones que perduran en el tiempo -podríamos llamarlas *los clásicos de la Teoría del Turismo*- y ellas permanecen en éste trabajo, en algún caso con explicaciones adicionales, aclaratorias y ampliatorias.

Espero que sirva al lector ésta guía básica de los conceptos de *Turismo, Turista* y *Derecho del Turismo*.

Gustavo Néstor Fernández

Gustavo Néstor Fernández

1.- INTRODUCCIÓN

Este trabajo trata de algunas vinculaciones entre Turismo y Derecho. Hoy en día, la importancia que adquirió el turismo es ostensible. No escapará al lector, que la llamada "industria del turismo" o "industria sin chimeneas" (aunque hay autores que con fundadas razones prefieren no utilizar el término "industria" cuando hablamos de turismo) es desde mediados del siglo XX y en lo que llevamos del XXI, uno de los recursos económicos de más crecimiento y que ocupa a una inmensa cantidad de gente en el mundo industrializado, como así también en muchos países en vías de desarrollo (que vienen realizando grandes esfuerzos en crear infraestructura y servicios acordes a los crecientes niveles de demanda, conscientes de la magnitud de ingresos que producirá la actividad en el futuro y sabiendo que ya en nuestros días, el turismo es la segunda actividad económica mundial). El turismo en las últimas décadas experimentó un crecimiento sostenido. Este crecimiento, unido a los factores que determinan el entorno en que se desarrolla el turismo, como son la aparición de nuevas -y cada vez más especializadas- motivaciones para su práctica, mayores niveles de exigencia por parte de los turistas, nuevos mercados emergentes y aplicación de tecnologías avanzadas en la prestación de servicios turísticos, hacen necesario un continuo análisis teórico, que ayude tanto al sector como a las administraciones públicas en la adopción de estrategias para su desarrollo y promoción.

Con el advenimiento de la *motivación turística* como necesidad básica, elemento que se ha incorporado en las economías domésticas, se ha provocado la aparición y posterior desarrollo del turismo de masas. El avance de los sistemas de transporte y la generalización del uso del automóvil, entre otros factores, han contribuido también, en una creciente expansión de los viajes. El ferrocarril, la nueva industria naval y finalmente la aeronavegación de la posguerra, con jets que redujeron drásticamente la duración de los viajes transatlánticos y de media distancia, han dinamizado de una manera notable al turismo. Asimismo, el incremento de la actividad económica y del comercio mundial, ha impulsado el tráfico turístico hasta lugares casi desconocidos e inimaginables en períodos históricos anteriores.

En ese marco, es que nuestro país no puede desatender la creciente demanda que posee en los diversos rubros del turismo. Contamos con una geografía atractiva y variada como pocas en el planeta y además, hoy en día, la calidad y cantidad de infraestructura conque cuenta la Argentina -si bien es cierto que falta mucho por hacer- hace que el futuro sea promisorio en lo que al turismo se refiere.

Pero para acompañar éste proceso de crecimiento se ha venido dando también, un proceso de adecuación normativa durante la última década. Y así vimos aparecer paulatinamente en el escenario leyes como las de Turismo Estudiantil, la Nacional de Turismo, la de promoción del Turismo, la de Accesibilidad en el Turismo, etc.

Pero éste *debate* es uno que aún sigue dándose y se seguirá dando, ya que hay posiciones muy fundadas en contra de estructurar al Derecho del Turismo como una nueva rama del Derecho, y en cambio señalan, no sin fundamentación suficiente, que el turismo atraviesa tantos aspectos de la realidad económica y jurídica que el universo normativo aplicable sería abrumador, y prefieren solucionar cada caso concreto con normas especiales de turismo e institutos de cada una de las ramas tradicionales en vigor actualmente, sin generar un "corpus normativo" exagerado.

Pero de todas maneras ya se está tomando conciencia de la importancia de *darle un marco específico al tratamiento jurídico del turismo*. En efecto, ya se ha legislado sobre turismo estudiantil, y existen varios proyectos de ley sobre turismo en general y sobre turismo rural y ecoturismo y una nueva norma que aún no se concretó para sustituir a la Ley 18.829 que regula la actividad de los Agentes de Viaje.

También las provincias han avanzado y mucho en algunos casos, en lo relativo a marcos jurídicos regulatorios del turismo en general y de aspectos particulares como ser, guías de turismo, turismo aventura, campings, etc.

Estos avances son el producto del gran incremento que tiene la actividad turística en el ámbito mundial, y que la propia Organización de las Naciones Unidas, basada en cifras propias, reconoce al turismo, como al sector de la economía de más rápido crecimiento.

2.- INCIDENCIA DEL TURISMO EN EL EMPLEO Y LA ECONOMÍA NACIONAL ARGENTINA

Al promediar el año 2000 según las cifras del Ministerio de Economía y Producción de la Nación, el sector empleaba aproximadamente 450.000 [1] personas en forma directa, con una proyección de creación de nuevos empleos directos e indirectos de 15.000 puestos por año, constituyendo la tasa de crecimiento de empleo más elevada de la economía argentina.

El crecimiento del sector en poco más de una década es abrumador, el siguiente dato da cuenta de ello: el sector turístico en la **provincia de Buenos Aires** ya empleaba en 2013, a poco más de 417.000 personas y contribuía en un 9,7% al total del empleo bonaerense, siendo los sectores que más aportaban los servicios de transporte automotor de pasajeros y de expendio de comidas y bebidas, según un informe del Ministerio de Economía provincial[2]. Solamente

---

1   Números mucho más impactantes aún nos brinda el Concejo Mundial de Viajes y Turismo (WTTC por sus siglas en inglés) que en su informe regional, al detallar las cifras de la Argentina, muestra que en el año 2003 el turismo empleaba directamente a 450.000 personas, mientras que en el 2004 la cifra asciende a 540.000, mostrando un incremento de 90.000 puestos nuevos de trabajo.

2   "El turismo es un motor para la creación de empleo, la reducción de la pobreza y la inclusión social", Télam, 27/09/2013, en:
http://www.telam.com.ar/notas/201309/34220-la-actividad-es-un-motor-para-la-creacion-de-empleo-la-reduccion-de-la-pobreza-y-la-inclusion-social.html

el estado bonaerense ya casi alcanzaba las cifras del total nacional que teníamos al iniciar el siglo.

El sector turístico genera una suerte de reacción en cadena que fluye a través de toda la economía nacional, comenzando con las compras de productos y servicios realizadas a otras industrias, el gasto de utilidades, dividendos y remuneraciones de empleados. En general, el efecto directo de las ventas y empleos del sector turismo resultan en un efecto indirecto del 250% en el resto de la economía, es decir que *por cada peso invertido se obtiene un impacto total de $ 2,50.*

El INDEC (Instituto Nacional de Estadísticas y Censo) se refiere al impacto económico del turismo de la siguiente manera: *"El turismo es una actividad cuyo crecimiento progresivo tiene impacto cada vez más importantes en el ámbito cultural, social y económico de un país. Esto es así porque produce efectos en la balanza de pagos, en las inversiones y en la construcción, y en el mejoramiento del transporte, lo que a su vez repercute en el empleo y , en definitiva, en el bienestar de los miembros de una comunidad"*

Ya en el año 2013, los datos crudos impresionaban: más de 260 millones de personas trabajan en actividades relacionadas con la industria del turismo a nivel mundial; el 9 por ciento del PBI mundial corresponde al sector; el 5 por ciento del total de las inversiones corresponden a la actividad turística; y las exportaciones del sector representan el 30 por ciento de las exportaciones mundiales de servicios comerciales[3].

Entre 2003 y 2013, el 10 por ciento del empleo total de la Argentina correspondía a actividades relacionadas con la industria del turismo.

Volviendo a nuestro ámbito nacional, es necesario resaltar, que la actividad turística cuenta con los recursos naturales, que hacen que los potenciales consumidores elijan nuestro país como destino. Y justamente por ésto es que se torna imprescindible contar con una infraestructura acorde a las actuales exigencias del turismo internacional. Contar con la infraestructura necesaria es decisivo en el negocio del turismo y la inversión rentable es la herramienta de desarrollo, que racionalmente utilizada produce los mejores efectos en el plazo mas corto, si la comparamos con otros sectores de la economía

El turismo presenta entre otras características y a modo de ejemplo que no pretende agotar toda la casuística, algunas de las que enumeramos a continuación; como ser: generar empleos directos e indirectos, ofrecer un retorno a corto plazo del capital invertido, ser una generadora de negocios secundarios a la actividad principal, constituye una alternativa para el desarrollo de las economías regionales y para finalizar y no por ello es menos

---

3   Ídem nota 3

importante, es una de las actividades económicas que más democratizan a la sociedad, ya que beneficia por igual a micro-emprendedores y emprendimientos familiares, a pequeñas y medianas empresas y también a las grandes empresas y grupos económicos.

Concluyendo esta breve enunciación del tema que merece un estudio más profundo y minucioso, estudio que excede el marco y finalidad de éste trabajo, hacemos votos para que los cambios que indefectiblemente se producirán en la materia que nos ocupa, estén basados en la previsión, la claridad, la simplificación, y el buen criterio, pues, estamos convencidos que el crecimiento del turismo experimentado en la última década del milenio pasado, y en los primeros años del presente, son solo la punta del iceberg, por eso será necesario mejorar la legislación, unificarla, simplificarla y hacerla más dinámica. Así también los jueces encargados de aplicar las normas específicas del Derecho del Turismo que por ahora están dispersas y en algunos casos presentan regulaciones anacrónicas y hasta contradictorias, poseerán herramientas mas eficaces para dirimir los conflictos suscitados.

Actualmente existen varios proyectos de ley en nuestro Congreso Nacional cuyo objeto es regular el turismo en general, el turismo rural, el ecoturismo y otras cuestiones que han ganado terreno en los últimos años. Y como sabemos el *turismo estudiantil* ya tiene su propia regulación normativa a partir de la sanción de la Ley Nº 25.599 y su reforma, la Ley 26.208.

3.- CONCEPTO DE TURISMO

Son conocidas en doctrina, varias definiciones de turismo, cada cuál poniendo o sacando alguna nota particular y por ello, trataremos de utilizar un concepto de turismo que sea lo más comprensivo o abarcador posible. De ésta manera, trataremos de evitar tropezar con un inconveniente que se presenta a menudo, que es el de utilizar precisiones terminológicas muy acotadas, y por tal razón dejar "fuera de la definición" situaciones o relaciones que tienen todos los elementos comunes de la actividad turística, y que en la realidad cotidiana, a nadie se le ocurriría negar la naturaleza turística de las mismas.

Grafiquemos lo sostenido con un ejemplo: si entendiésemos por turismo al traslado voluntario de personas fuera de su lugar de residencia, a otro lugar distinto para fines de esparcimiento *y por una período que al menos incluya una pernoctación* [4] *en el lugar de destino*, dejaríamos fuera de la definición a los denominados "city tours" o excursiones urbanas o interurbanas, que comienzan y terminan en la misma jornada [5]. Lo que comúnmente es conocido como *excursiones*. Y la realidad nos muestra que los operadores de turismo, los turistas y

---

4   Criterio que sí utilizamos para caracterizar al *contrato de hospedaje*.

5   Como veremos mas adelante, al turista que realiza su actividad en el día se lo denomina, *excursionista*.

el público en general, entienden que tal actividad es propia del turismo. En consecuencia, y siguiendo ésta línea argumental es que, -sin caer en el extremo de la vaguedad o ambigüedad- nos inclinamos por un concepto amplio de turismo.

Entonces, propondremos primero el concepto que utilizaremos para referirnos al turismo durante las páginas siguientes, y luego consignaremos otros, que también son utilizados por la doctrina, y que nos ilustrarán cada uno, sobre algún punto en especial, algunos tomados de la legislación provincial o nacional y otros de organismos internacionales.

En consecuencia, definiremos al **Turismo** como **el conjunto de actividades que tienen su origen en el traslado voluntario y temporal de personas, con fines de esparcimiento, recreación o negocios, fuera de su lugar de residencia habitual y manteniendo las personas el ánimo de retornar.**

Siguiendo el esquema propuesto veamos la definición de turismo que adoptó la Organización Mundial de Turismo y es la siguiente: *"Turismo: actividades que realizan las personas durante sus viajes y estancias en lugares distintos al de su entorno habitual, por un período de tiempo consecutivo inferior a un año, con fines de ocio, por negocios y otros motivos, no relacionados con el ejercicio de una actividad remunerada en el lugar visitado"*.

La utilización del concepto amplio –el ensayado por nosotros y consignado en primer término - permite identificar tanto el turismo entre países como el turismo dentro del propio país. El vocablo "turismo" se refiere a todas las actividades de los visitantes, es decir incluidos los "turistas" (visitantes que pernoctan)" y los "excursionistas" (visitantes del día). Como veremos mas adelante, la diferencia técnica entre los conceptos de "turista" y "excursionista" surge del criterio precedentemente expuesto.

Observemos que en la definición propuesta por la O.M.T. ya se precisa un "límite temporal" de la actividad turística: un año. Si las conductas descriptas superaran ese período, ya no sería considerado como "turismo".

Con relación al *límite temporal*, hay legislaciones provinciales de nuestro país que también adoptan el criterio. Por ejemplo la Ley 7045 de la provincia de Salta (B.O. 16/09/1999) dice en su art. 3º: *"Se considera turista a los fines de la presente Ley, a toda persona que ingrese al territorio de la provincia de Salta, y que tenga residencia habitual en otra jurisdicción del territorio argentino u otro Estado **y permanezca menos de tres (3) meses en cualquier período de doce (12) meses** con fines de recreación, deporte, congresos, ferias, salud, estudio, cuestiones familiares o religiosas, sin propósito de inmigración"*.

Ya en el ámbito nacional, la Ley 25.198 de diciembre de 1999 que declara de interés nacional al turismo como actividad socioeconómica, en su artículo 2º dice: *"A los efectos de la presente ley entiéndese por turismo a todas aquellas actividades que realizan las personas durante sus viajes y estancias, en lugares distintos al de su entorno habitual **por un período de tiempo consecutivo inferior a un año**, con fines de ocio, negocios y otros, y, comprende todas las actividades económicas que van asociadas a éstos y que se miden por la amplia variedad de gastos corrientes y de capital, incurridos por un viajero o en beneficio del mismo antes, durante y después del viaje."* (La negrita es nuestra).[6]

Y más recientemente, la Ley 27.771, en su artículo 1º establece que: *" Los contratos de locación de inmuebles que se celebren con fines turísticos, descanso o similares y cuyo plazo sea **inferior a tres (3) meses** conforme lo establecido en el inciso b), del artículo 1.199, del Código Civil y*

---

6 "El término "turista" designa a toda persona, sin distinción de raza, sexo, lengua o religión, que entre en el territorio de un Estado Contratante distinto de aquél en que dicha persona tiene su residencia habitual y permanezca en el *veinticuatro horas cuando menos y no más de seis meses*, con fines de turismo, recreo, deportes, salud, asuntos familiares, estudio, peregrinaciones religiosas o negocios, sin propósito de inmigración". Así lo establece en el Anexo A, Artículo 1º, Inciso b), la Ley nº 23.408 que aprueba la Convención sobre Facilidades Aduaneras para el Turismo.-

Comercial de la Nación, se regirán por las normas aplicables al contrato de hospedaje."

Como vemos, dos leyes nacionales sancionadas en 1999 y en 2015 toman como límite temporal de la actividad de turismo, 1 año y 3 meses respectivamente. Éstas son las contradicciones que debemos resolver quiénes nos abocamos al estudio de la legislación del turismo y proponerle a los legisladores la unificación y coherencia de criterios[7].

---

7   **Ley 25.198**
Declarase de interés nacional al turismo como actividad socioeconómica.
Sancionada: Noviembre 10 de 1999.
Promulgada: Diciembre 9 de 1999.
El Senado y Cámara de Diputados de la Nación Argentina reunidos en Congreso, etc. sancionan con fuerza de Ley:
ARTICULO 1º — Declarase de interés nacional al turismo como actividad socioeconómica.
ARTICULO 2º — A los efectos de la presente ley entiéndese por turismo a todas aquellas actividades que realizan las personas durante sus viajes y estancias, en lugares distintos al de su entorno habitual **por un período de tiempo consecutivo inferior a un año**, con fines de ocio, negocios y otros; y, comprende todas las actividades económicas que van asociadas a éstos y que se miden por la amplia variedad de gastos corrientes y de capital, incurridos por un viajero o en beneficio del mismo antes, durante y después del viaje.
ARTICULO 3º — El Estado proveerá al fomento, desarrollo, investigación, promoción, difusión, preservación y control de la actividad turística en todo el territorio de la República Argentina, otorgando beneficios impositivos, tributarios y crediticios similares a los de la actividad industrial.
ARTICULO 4º — Invítase a todas las provincias, y a la Ciudad Autónoma de Buenos Aires a adherirse a la presente.
ARTICULO 5º — Comuníquese al Poder Ejecutivo.
ALBERTO R. PIERRI - EDUARDO MENEM - Esther H. Pereyra Arandía de Pérez Pardo - Juan C. Oyarzún.

Ley 27221
Locación de inmuebles.
Sancionada: Noviembre 25 de 2015

Otro aspecto que se suele utilizar para caracterizar la actividad turística, es el atender al **origen de los recursos** invertidos para encuadrar a la actividad como turística.

En ésta línea, encontramos por ejemplo a la Ley 600 de la Ciudad Autónoma de Buenos Aires, que en su artículo 2° define al turismo como el "... *conjunto de actividades originadas por el desplazamiento temporal y voluntario de personas, fuera de su lugar de residencia habitual, sin incorporarse al mercado de trabajo de los lugares visitados, **invirtiendo en sus gastos recursos no provenientes del centro receptivo**"* (Art. 2, Ley 600, Ciudad Autónoma de Bs. As.).

Nótese que se incorpora entonce a la definición un elemento de naturaleza económica, como es, *la inversión de recursos no provenientes del lugar visitado*. También la definición de la **O.M.T.** alude a la cuestión de los recursos utilizados para la actividad señalando "...*motivos, no*

Promulgada: Diciembre 21 de 2015

El Senado y Cámara de Diputados de la Nación Argentina reunidos en Congreso, etc.

sancionan con fuerza de Ley:

ARTÍCULO 1° — Los contratos de locación de inmuebles que se celebren con fines turísticos, descanso o similares y **cuyo plazo sea inferior a tres (3) meses** conforme lo establecido en el inciso b), del artículo 1.199, del Código Civil y Comercial de la Nación, se regirán por las normas aplicables al contrato de hospedaje.

ARTÍCULO 2° — Comuníquese al Poder Ejecutivo nacional.

JULIÁN A. DOMÍNGUEZ. — GERARDO ZAMORA. — Lucas Chedrese. — Juan H. Estrada.

relacionados con el ejercicio de una actividad remunerada en el lugar visitado..." Si bien el criterio se comparte en líneas generales y utilizado con otros elementos que configuran al turismo nos ayudan a entender el fenómeno turístico, veamos algunas cuestiones dudosas.

¿Cómo encuadrar el siguiente caso? Una persona se traslada desde Córdoba hacia un balneario de la costa atlántica, que podemos precisar como Pinamar. Su estadía se desarrolla durante todo el mes de enero. Al finalizar el mes y ya sin fondos, el turista decide tomar un trabajo de medio tiempo, al solo efecto de seguir veraneando durante febrero. El dinero obtenido por su trabajo lo destina íntegramente a su extensión de las vacaciones, sin guardar dinero alguno para cuando regrese a su domicilio. A poco de analizar se observa que, en el caso planteado, parte de las vacaciones se realizan con fondos obtenidos en el lugar de destino. En tales circunstancias, y siguiendo - exclusivamente - el razonamiento que atiende al origen de los fondos invertidos, la actividad de la persona de nuestro ejemplo, durante el mes de febrero, no sería considerada turismo. Tal sería la solución de aplicarse la legislación de la Ciudad Autónoma de Buenos Aires o por caso los estándares establecidos por la OMT.

Ahora bien, por lo dicho hasta aquí, encontramos acotada la idea de incluir en una definición de turismo la idea del origen de los fondos. Creemos más conveniente dejar librada tal cuestión a las legislaciones respectivas, pero siempre con el complemento de los otros elementos configurativos del turismo.

Y si a primera vista, la cuestión parece ser mas teórica que práctica, a la hora de resolver cuestiones concretas en los estrados, los jueces padecen las ligerezas de redacción, en las normas que deben aplicar.

Ahora bien, el ejemplo en cuestión que es solo una muestra, ya que situaciones como la descripta suelen suceder a menudo, nos lleva a adoptar un *criterio más amplio*, que permita cierta flexibilidad en la interpretación. Por tal motivo es que no agregamos al concepto de turismo que ensayamos, la nota de la aplicación de fondos obtenidos fuera del lugar de destino o centro receptivo.

Con relación a la cuestión temporal del traslado del viajero y su utilización como criterio diferenciador (3 meses para la provincia de Salta, 1 año para la O.M.T., etc.) merece también, al menos desde nuestro punto de vista, una reflexión, ya que es una cuestión que sin dudas genera cierta polémica. ¿Cuál es el criterio apto para determinar que un viaje de 95 días no es turístico y uno de 85 sí? ¿O que uno de 360 días lo sea y uno de 370 no.?. ¿Qué lo diga la ley? Por supuesto, es una respuesta jurídicamente aceptable. Pero consideramos que la actividad turística merece una explicación más abarcadora de la realidad tan compleja que la atraviesa.

Está claro que algún límite debe existir, ya que nadie imagina un viaje de turismo cuya duración fuese indeterminada en el tiempo. Pero lo que no resulta tan claro es, si conviene precisar el límite temporal en la propia definición de turismo, dejando así fuera de la misma a los viajes que excedan de tal límite, aún cuando reúnan todas las demás características de un viaje turístico. Por eso, una cosa es que la ley tenga que marcar un límite y otra es que una definición, un concepto teórico, lo imponga; son dos universos distintos: uno es el normativo y otro es el conceptual.

Ahora bien, si consideramos que el turismo entendido como objeto de estudio, merece una explicación mas acabada, que al menos nos permita incluir en la misma una serie de actividades que no entrarían en un concepto mas restringido, ¿cómo delimitar la "idea" de turismo para no caer en vaguedades?

Una manera posible es *analizar los elementos distintivos que se presentan en la actividad turística*; elementos que de manera separada se presentan en otras actividades humanas pero que cuando los encontramos a todos o casi todos juntos, estamos en presencia de lo que se denomina "turismo". Y estos elementos nos serán de ayuda para dar un encuadre más "generoso" del concepto y poder entonces sostener una definición abarcadora. Y de esto trataremos en el siguiente punto.

4. -¿CUÁNDO UN VIAJE ES TURÍSTICO?

Consideramos que a la hora de desentrañar la naturaleza turística de un traslado hay que atender a más de una circunstancia y por eso a continuación señalaremos los elementos que a nuestro criterio no deberían faltar en el análisis de la cuestión, y a los que seguramente se le irán agregando otros, en la medida que avance y se desarrolle una Teoría Jurídica del Turismo. Veamos:

a) Ánimo de retorno. Este ánimo de retorno es un buen sustituto del ya visto límite temporal expresado en la propia definición de turismo. Y parece ser que es el elemento más característico del viaje de turismo; quien no tiene ánimo de regresar a su punto de origen, evidentemente no puede ser considerado turista. El viajero debe exteriorizar ya sea por acciones u omisiones su voluntad de retornar al lugar de partida, aunque no lo determine temporalmente. La circunstancia de realizar actos que contradigan tal ánimo es reveladora de que se tiene otra intención. Por ejemplo, que el viajero efectúe un cambio de domicilio al lugar de destino; o que tome un trabajo de tiempo completo y por tiempo indeterminado; o que inscriba a sus hijos en un establecimiento educativo del lugar de destino, etc. Todas estas circunstancias son reveladoras de su voluntad en un determinado sentido. Y nos permiten por ende, clarificar la condición o no de turista de un determinado sujeto.

b) Fondos utilizados por el viajero. Los fondos utilizados por el viajero son otra pauta a considerar, pero que no puede ser tomada de manera aislada, ya que nos podrían conducir a un error como vimos en el punto 3 y a cuya explicación remitimos. No obstante es una pauta de importancia, saber si los fondos aplicados para la estadía provienen de un lugar distinto al centro receptivo, aunque no coincidan, incluso, con el lugar de residencia habitual de la persona. Pero de todas formas, insistimos, este elemento económico no puede ser el único a tener en cuenta a la hora de caracterizar al viaje turístico. El no considerar a los otros, como el traslado voluntario, la finalidad y el ánimo de retorno, nos llevaría a un concepto equivocado de turismo.

c) Traslado voluntario del viajero. Aunque parezca obvio, de ninguna manera podría interpretarse como viaje de turismo al traslado involuntario de una persona, desde su lugar de residencia, hasta otro punto cualquiera. El traslado forzado de una persona, puede constituir un delito, o eventualmente puede tener origen en el cumplimiento de una sentencia impuesta por un tribunal, pero jamás será turismo. La voluntad, expresión del libre albedrío de la persona humana, es una nota trascendente de toda actividad lícita, y por supuesto que el turismo se encuadra dentro de ese marco.

d) Fines de esparcimiento, recreación o negocios. Los fines tenidos en cuenta por la persona que se traslada, constituyen también elementos de juicio importantes a la hora de determinar la naturaleza del traslado

Así por ejemplo, el caso de la familia que se traslada por una semana, desde su lugar de residencia habitual hacia una localidad distante a trescientos kilómetros, ubicada a orillas del mar, con la finalidad de gozar de un descanso veraniego.

Por el contrario, entendemos que no es el caso del llamado viajante de comercio o corredor, que desarrolla su actividad laboral, visitando distintas localidades de una determinada zona, pero que no lo hace con el propósito de recreación o esparcimiento, sino por estrictos motivos de trabajo.

Sin embargo los límites, que a primera vista parecen claros, no siempre lo son y es por ello que recalcamos la necesidad de adoptar un concepto amplio de turismo. Veamos un ejemplo: ¿Qué ocurriría, si el viajante al que aludíamos recién, además de realizar sus tareas habituales, en horarios libres se dedicara a recorrer las localidades que visita con motivo de su trabajo, contratando alguna excursión para visitar un lugar panorámico o un monumento natural? ¿Podríamos afirmar categóricamente que nuestro "viajante", además, no realiza turismo?. Creemos que es conveniente adoptar un criterio que se adapte a la realidad, y en ese sentido podríamos afirmar en nuestro ejemplo que la persona es turista, en tanto y en cuanto efectúe actividades de turismo; y que no lo es el resto del día, cuando cumple con sus deberes laborales. No vemos inconvenientes en admitir que se pueda realizar actividad turística "de tiempo parcial". Además, el criterio de entender a los "viajes de negocios" [8] como formando parte de un concepto amplio de turismo, está hoy en día universalmente aceptado, razón por la cual no consideramos conveniente excluirlo de la definición.

En definitiva, la solución para cada caso en particular surgirá de aplicar los conceptos generales del derecho turístico, pero siempre con criterios de sentido común y adecuados a las circunstancias.

---

8   Si bien no equivale a la actividad del viajante de comercio, ya que éste lo hace en forma habitual -hasta diaria-, mientras que el viaje de negocios es ocasional.

5.- CONCEPTO Y CLASIFICACIÓN DEL TURISTA

5. A. CONCEPTO

Habiendo definido ya al *turismo*, tenemos el camino allanado hacia el concepto de *turista*, ya que se infiere de la propia actividad definida. En efecto, habiendo llegado a éste punto podemos definir al **turista**, como ***toda persona que se traslada voluntaria y temporalmente, con fines de esparcimiento, recreación o negocios, fuera de su lugar de residencia habitual y mantiene el ánimo de retornar.*** O si se quiere, la mas escueta y obvia: ***toda persona que realiza actividades turísticas.***

Como se puede apreciar, el definir con criterio amplio al turismo, nos permite también definir con la misma amplitud el concepto de turista. Además veremos seguidamente, que al turista se lo puede clasificar según un criterio que atiende al origen de su traslado y también al tiempo que dura la actividad.

5. B. CLASIFICACIÓN

Además veremos seguidamente, que al turista se lo puede clasificar según un criterio que atiende al origen de su traslado y también al tiempo que dura la actividad. Además hay otros criterios que combinan ambas características y son sólo alguno de los posibles.

a) Criterio que atiende al origen y destino del traslado.

Es el que toma en cuenta el *lugar geográfico desde el cual comienza el viaje* o itinerario. Según este criterio a los turistas se los puede clasificar en dos categorías:

1. Turistas internacionales: son aquellos cuyo lugar de origen es un país distinto al de destino (residente francés que viaja a Argentina);

2. Turistas internos: son aquellos cuyo lugar de origen y destino es el mismo país, sin importar la nacionalidad que ostentan (residente cordobés que viaja a Río Negro y residente madrileño que viaja de Buenos Aires a San Juan).

b).- Criterio que atiende a la duración del traslado.

Es el que toma como unidad de referencia para clasificar la actividad, a la *pernoctación*. Según este otro criterio, a los turistas se los puede dividir también en dos grupos, a saber:

1. Excursionistas (visitantes de día). Son aquellos turistas que no pernoctan en el lugar visitado.

2. Turistas [9] **(visitantes que pernoctan).** Son aquellos turistas o viajeros que pernoctan en el lugar visitado.

c).- Criterios combinados.

De las anteriores clasificaciones podemos establecer que la combinación de ambas es posible, de manera que obtenemos las siguientes categorías:

1. Excursionista internacional (quien cruza la frontera de un país a otro retornado en el mismo día).

2. Excursionista interno (quien visita otra localidad o ciudad dentro del mismo país retornando en el día).

3. Turista o visitante internacional (quien traspone las fronteras de un país a otro quedándose al menos una noche en el lugar visitado).[10]

4. Turista o visitante interno (quien visita otro lugar o ciudad dentro del mismo país, pasando al menos una noche en el lugar visitado).

---

9   Aquí el término TURISTA está utilizado en sentido restringido, como sinónimo de *viajero que pernocta en el lugar visitado.*

10   Desde el punta de vista del país que recibe al turista, éste tipo de turismo se denomina *receptivo*

6. CLASIFICACIÓN DE TURISMO

A continuación enumeramos diferentes modalidades que puede adoptar la actividad turística (tomando como país de referencia a la Argentina) y adoptando como criterios de clasificación el origen del traslado y la residencia o domicilio de los viajeros:

a.Turismo interno: es el turismo de los visitantes residentes en el territorio del país de referencia (por ejemplo, una persona que se domicilia en la ciudad de Salta y se traslada a la provincia de Córdoba para pasar sus vacaciones).

b.Turismo receptivo: es el turismo de los visitantes no residentes en el territorio del país de referencia (por ejemplo, una persona domiciliada en Madrid, España, que visita la provincia de Córdoba en Argentina).

c.Turismo emisivo: es el turismo de los residentes, que se desplazan fuera del territorio del país de referencia (Si tomamos como país de referencia a la República Argentina, el ejemplo aplicable al caso sería el de una persona que reside en Rosario, Argentina y se traslada por placer a Madrid, España).

d.Turismo interior: es el turismo de los visitantes, tanto residentes (turismo interior) como no residentes, en el territorio del país de referencia (por ejemplo, una persona que reside en Salta, Argentina y se traslada a Buenos Aires y otra que reside en Madrid, España y estando en Buenos Aires se traslada a Salta).

e.Turismo nacional: es el turismo de los visitantes residentes, dentro y fuera del territorio del país de referencia (por ejemplo, si un residente de la ciudad de Córdoba visita Mar del Plata y un residente de San Salvador de Jujuy visita París, en ambos casos se está en presencia del *turismo nacional,* porque ambos turistas tienen su residencia o domicilio habitual en el territorio nacional).

Este criterio atiende a la residencia del turista y no al destino.

Para concluir con el tema creemos necesario mencionar que estas clasificaciones son solo algunas de tantas posibles.

No pretendemos agotar aquí el tema, sólo que consideramos conveniente a los fines didácticos, utilizar como ejemplo las anteriores clasificaciones, algunas de las cuáles encuentran fundamento en el criterio adoptado por la Organización Mundial de Turismo.

7. – CONCEPTO DE DERECHO DEL TURISMO

Entendemos que es de tal magnitud la actividad del turismo en la actualidad, que no es suficiente el enfoque aislado e inconexo de problemas puntuales que se presentan a diario. Se torna necesario abordar jurídicamente el estudio de la problemática, con carácter sistemático, y utilizando el lenguaje técnico propio de la conjunción entre turismo y derecho. No obstante trataremos de evitar el lenguaje oscuro o alambicado. Pero de todas formas el Derecho debe desde su posición, cooperar con el Turismo, para "fundir" en una disciplina especial, los puntos de contacto que existen entre ambos.

Como bien señalan Puig y Vitta [11] al enumerar –siguiendo a Zavala Rodríguez- los contratos mas frecuentes que tienen su origen en la actividad turística, "…Todos éstos contratos, cuya variedad resulta infinita, son la causa del alumbramiento del Derecho Turístico que ya no se siente encuadrado en los moldes tradicionales del derecho civil o comercial, y que solo parcialmente es receptado por el derecho de la navegación en sus dos especies de aérea y marítima…"

Y es desde ésta perspectiva que intentaremos aproximarnos al concepto de Derecho del Turismo.

---

11   "Legislación y contratos turísticos", PUIG, Adela y VITTA, Juan Pablo, Valetta Ediciones, Buenos Aires, 1998, pág. 21.

Sabemos sin embargo que una rama del Derecho no aparece de un día para el otro, sino que es el resultado de un largo camino, que dura años, y que se llega a imponer por la propia necesidad y por imperio de la realidad que va día a día agregando conceptos, institutos, métodos y situaciones nuevas.

De todas maneras, no escaparemos al desafío de aproximarnos a un concepto que sirva como mínima base de estudio y orientación. Es por eso que, desde un punto de vista jurídico y con un objetivo integrador, esto es, teniendo como punto de partida al Derecho y como punto de llegada al Turismo, podemos definir al **Derecho del Turismo** como ***aquella rama del Derecho que tiene por objeto de estudio, al conjunto de relaciones y situaciones jurídicas originadas en la actividad turística.*** [12]

También podemos abordar una definición desde el punto de vista del *Derecho Positivo entendido como sistema normativo específico aplicado a un momento histórico dado y circunscripto a un territorio determinado*, y así podemos definir al **Derecho del Turismo** como **el conjunto de normas que regulan la actividad turística.**

De ésta manera ya tenemos en primer término, una idea de derecho del turismo entendido

---

12 En ésta definición el término *rama* está usado más como expresión de deseo que como realidad jurídica, aunque justamente bregamos para que en un futuro se transforme en una realidad.

éste como una parte o área dentro del derecho en general, y en segundo lugar, tenemos otra idea que atiende al conjunto de normas que regulan al turismo.

Habiendo ya ensayado la idea de turismo y de turista, para luego abordar el concepto de derecho del turismo, veamos ahora cómo se caracteriza a éste último.

Gustavo Néstor Fernández

8 .- CARACTERIZACIÓN.

El Derecho del Turismo es indudablemente un desprendimiento del derecho privado, atendiendo a la ya clásica división que hace referencia al carácter público o privado del derecho. Sin embargo, también es penetrado por el derecho público en algunos aspectos importantes que, específicamente, están vinculados al derecho administrativo, como por ejemplo los requisitos para la obtención de la licencia de las empresas de viajes y turismo y agencias de viajes, que otorga el Ministerio de Turismo de la Nación; o la habilitación municipal necesaria para el funcionamiento de un establecimiento hotelero, por mencionar dos casos típicos de autorización administrativa y regulación por parte del estado. Además y no menos importante es la intervención que tiene el antedicho ministerio como *órgano de aplicación* de las leyes 18.828[13] – ley hotelera que tiene poca aplicación concreta- y 18.829 –regulación de agentes de viaje- y de las leyes de Turismo Estudiantil, Turismo Accesible, etc. y *autoridad de control* de toda la actividad.

Pero además existen otras vinculaciones que tienen que ver con el transporte y la oferta de servicios, donde el estado también tiene injerencia dentro del turismo. Así el Ministerio de Transportes de la Nación y los organismos equivalentes

---

13 Hoy prácticamente sin aplicación. Algunos autores la consideran una ley que ha caído en *desuetudo.*

provinciales, fiscalizan todo lo vinculado al traslado por tierra de los pasajeros y son los encargados de hacer cumplir las reglamentaciones vigentes.[14] Y por supuesto la regulación del transporte aéreo y por agua.

Otra nota que caracteriza al Derecho del Turismo es su aspecto esencialmente dinámico, con relación a otras ramas mas tradicionales del Derecho. Ese dinamismo es producto no sólo de la actividad que regula –que es dinámica por naturaleza – sino además, porque atraviesa un período de gran expansión y crecimiento sostenido. El turismo crece en estos tiempos como nunca antes lo había hecho, y ésto se ve reflejado en su aspecto jurídica.

---

14 Criterio similar es el que sustentan Puig y Vitta quiénes al caracterizar al derecho turístico reconocen en él dos notas preponderantes, a saber: el internacionalismo y la integralidad. Y al analizar ésta última, sostienen que: *"La integralidad está dada por la confluencia de normas de derecho público y de derecho privado y también del llamado "derecho social". Si bien es innegable la primacía de las normas privadas que constituirán el verdadero armazón del nuevo derecho y no serían sino un desprendimiento del derecho comercial."* (op. cit. pág. 21).

9. – EL TURISMO Y LA DEFENSA DEL CONSUMIDOR.

Especial atención merece todo lo referido a la *oferta de servicios de turismo* que en definitiva serán consumidos por el turista.

La entrada en escena de la Ley de Defensa del Consumidor a partir del año 1993, y la consagración constitucional de sus principios rectores, acaecida al año siguiente durante la reforma de nuestra Constitución Nacional, que con su art. 42 coronó lo que en definitiva se constituyó como un verdadero Estatuto del Consumidor, ha modificado el criterio de interpretación de los institutos tradicionales del turismo, tendiendo a proteger a la parte mas débil de la relación contractual en este tipo de acuerdos, es decir: al turista. Y finalmente, el sistema se terminó de integrar con la entrada en vigencia, el 1° de agosto de 2015, del nuevo Código Civil y Comercial de la Nación.

La Ley de Defensa del Consumidor es de orden público y su cumplimiento y observancia es competencia de la Secretaría de Comercio Interior de la Nación y las secretarías u órganos equivalentes de cada provincia. Es ante ellas que cabe exigir por parte de los turistas, ante eventuales incumplimientos de las empresas del sector, el reconocimiento de los derechos que pudieran verse afectados. No es menor el hecho de que en la referida ley se establezca en su artículo 7º refiriéndose a las condiciones de la oferta y venta que *"La oferta dirigida a consumidores potenciales indeterminados, obliga a quien la emite durante el tiempo en que se realice, debiendo contener la fecha precisa de comienzo y de finalización, así como también sus modalidades, condiciones y limitaciones. La revocación de la oferta hecha pública es eficaz una vez que haya sido difundida por medios similares a los empleados para hacerla conocer."* Para finalizar diciendo que *" La no efectivización de la oferta será considerada negativa o restricción injustificada de venta, pasible de las sanciones previstas en el artículo 47 de esta ley.* (Ultimo párrafo incorporado por art. 5° de la Ley N° 26.361 B.O. 7/4/2008). Como se ve, resulta claro que las consecuencias jurídicas para los empresarios turísticos (como especie del género *empresarios*) nacen aún antes de celebrar las contrataciones. La responsabilidad comienza con la oferta o difusión del producto, y esta cuestión tan importante no está del todo clara como debiera, en ambos lados de la operatoria contractual, a saber usuarios y consumidores, por una parte, y empresarios, por la otra. Si alguna duda pudiera quedar respecto de la responsabilidad de que quien ofrece un servicio o producto, queda definitivamente aclarada con el primer párrafo del artículo 8º de la LDC que dice: *" Efectos de la publicidad. Las precisiones formuladas en la publicidad o en anuncios, prospectos, circulares u otros medios de difusión se tienen por incluidas en el contrato con el consumidor y obligan al oferente. En los casos en que las ofertas de bienes y servicios se realicen mediante el sistema de compras telefónicas, por catálogos o por correos, publicados por cualquier medio de comunicación, deberá figurar el nombre, domicilio y número de CUIT del oferente".* Ya no quedan dudas pues, de que los anuncios efectuados en forma indiscriminada y al público en general, forman parte, también, del contrato.

Asimismo, en la citada ley también se contempla el denominado **derecho a la información** del consumidor en el artículo 4°, poniendo en cabeza del comerciante, el deber de suministrar a los consumidores o usuarios, *"en forma cierta, detallada y clara, todo lo relacionado con las características esenciales de los bienes y servicios que provee, y las condiciones de su comercialización"* refiriéndose a quiénes produzcan, importen, distribuyan o comercialicen cosas o presten servicios. No debemos olvidar que estos derechos tienen rango constitucional a partir de la reforma de 1994.[15] Ahora bien, a pesar de lo que acabamos de comentar, la circunstancia de que la

---

15   Efectivamente, es en el artículo 42 de la Constitución Nacional donde tienen consagración. Dice la norma en su primer párrafo: *"Los consumidores y usuarios de bienes y servicios tienen derecho, en la relación de consumo, a la protección de su salud, seguridad e intereses económicos;* **a una información adecuada y veraz;** *a la libertad de elección, y a condiciones de trato equitativo."*

fiscalización de la actividad turística atraviesa un período de superposición de organismos y lucha por el poder, acerca de quién es competente para resolver los conflictos entre empresas y turistas, no agrega precisamente claridad al tema. En efecto, por un lado la Dirección Nacional de Defensa del Consumidor de la Secretaría de Comercio Interior de la Nación es el órgano de aplicación de la Ley de Defensa del Consumidor N° 24.240 – en el orden nacional – que establece una serie de condiciones y requisitos en la oferta y posterior cumplimiento de los servicios, y por otro lado la Dirección General de Regulación de Servicios Turísticos, dependiente del Ministerio de Turismo de la Nación, es el órgano específico de aplicación e interpretación de la Ley 18.829.

¿Adónde nos lleva tal situación? A que mientras la Secretaría de Comercio Interior por intermedio de la Dirección Nacional de Defensa del Consumidor pretende aplicar la LDC a un determinado caso, por ser el organismo de aplicación de dicha ley y además, por ser ella norma de orden público, por su parte el Ministerio de Turismo de la Nación pretende aplicar la ley 18.829 por ser también el organismo encargado de hacerlo, y por considerarla la ley especial de la actividad. Y en medio de toda esta situación quedan de "rehén" el turista y el propio agente de viajes. Y es éste el punto de conflicto. O se privilegia la ley específica de la actividad turística, o se le otorga primacía a la ley específica de los consumidores. Adelantamos nuestra opinión en el sentido de la segunda posición, por varias razones.

En primer lugar, la LDC es de orden público y la ley 18.829 no lo es.

En segundo término, si cada ley especial desplazara a la Ley de Defensa del Consumidor, ésta carecería de aplicación práctica y se transformaría en una *mera expresión de deseo*.

En tercer lugar, y por considerar al turista también un consumidor o usuario, como cualquier otro, no vemos motivo para colocarlo en inferioridad jurídica respecto de otros consumidores como ser, compradores de electrodomésticos, indumentaria, servicios de salud, etc., ya que se violaría la igualdad ante la ley consagrada en el artículo 16 de la Constitución Nacional. Además, y como si fuera poco, se desconocería la protección constitucional del ya citado art. 42. En definitiva, son demasiadas normas y principios los que se vulneran al pretender desplazar la jerarquía de la LDC respecto de otras leyes, aunque de turismo se trate.

Para finalizar decimos que no es sencillo dejar de lado normas tan claras como el art. 3º de la ley 24.240 que dice en su último párrafo que: "*...En caso de duda sobre la interpretación de los principios que establece esta ley prevalecerá la más favorable al consumidor.*"

10. JURISPRUDENCIA

10. a) Sumarios

Contrato de crucero. Responsabilidad

Hace lugar a la demanda de daños y perjuicios contra una empresa de turismo, interpuesta por la madre de una menor de edad -al momento del hecho- que sufrió la amputación de uno de los dedos de su mano izquierda como consecuencia de las lesiones producidas, luego de que un marinero dependiente de la demandada cerrara una de las puertas de hierro del buque en el cual iban a realizar una excursión y le aplastara uno de los dedos a la menor damnificada. Considera que el transportador debe responder por las lesiones que padezcan los pasajeros dado que la prestación esencial y principal a la que se obliga el transportador frente al pasajero se traduce en el cumplimiento de la obligación de traslado, sano y salvo. Asimismo, entiende que el accionar del marinero fue la causa generadora del accidente, puesto que se trata de un profesional que se desempeña en una embarcación destinada únicamente a transportar pasajeros y su conducta puede encuadrarse en lo dispuesto por el art. 330 de la Ley de Navegación.

"L., N. R. c/ Turisur S.R.L. y otro s/ daños y perjuicios"

CÁMARA NACIONAL DE APELACIONES EN LO CIVIL CAPITAL FEDERAL, CIUDAD AUTÓNOMA DE BUENOS AIRES, 14 de Septiembre de 2015
Id Infojus: NV12941

Cenizas volcánicas

Confirma el fallo que declaró prescripta la demanda interpuesta por una familia contra una línea aérea que en junio de 2011 suspendió el vuelo en el cual los actores iban a viajar, desde la ciudad de San Carlos de Bariloche hacia Buenos Aires, debido a la erupción del volcán chileno Puyehue, que despidió gran cantidad de ceniza sobre la Patagonia. Los reclamantes sostuvieron que el reclamo versaba sobre hechos posteriores al agotamiento del contrato de transporte aéreo y, en consecuencia, ajenos al Código Aeronáutico. Considera que se trata de una acción fundada en un hecho originado en la actividad aeronáutica extremo que determina la aplicación del plazo específico de prescripción previsto en el art. 228 del Código Aeronáutico y que así lo entendió el legislador al establecer, en el art. 63 de la Ley 24.240, que al contrato de transporte se le aplicará el Código Aeronáutico, los tratados internacionales y sólo supletoriamente la ley de Defensa del Consumidor. Señala que ello no significa negar la relación de consumo sino rechazar el desplazamiento de las normas de la ley aeronáutica, las que específicamente rigen la cuestión.

"Montero, Miguel Ángel y otros c/ Lan Argentina S.A. s/ daños y perjuicios"

SENTENCIA, CÁMARA NAC. DE APELACIONES EN LO CIVIL Y COMERCIAL FEDERAL DE LA CAPITAL FEDERAL, CIUDAD AUTÓNOMA DE BUENOS AIRES,11 de Junio de 2015.
Id Infojus: NV11851

Transporte Aéreo. Lesión y/o muerte de un pasajero. Neumotórax. Despresurización.

Rechaza la demanda por daños y perjuicios contra una empresa de turismo y una línea aérea, interpuesta por un pasajero que sufrió un neumotórax por el cual tuvo que ser intervenido quirúrgicamente, a partir de una despresurización de la cabina del avión que lo trasladaba desde Buenos Aires hasta Punta Cana. Señala que debe considerarse que, de acuerdo al artículo 1.726 del Nuevo Código Civil y Comercial de la Nación, son reparables las consecuencias dañosas que tienen nexo adecuado de causalidad con el hecho productor del daño y que, excepto disposición legal en contrario, deben ser indemnizadas las consecuencias inmediatas y las mediatas previsibles. Señala que, si bien una descompresión brusca en un avión aumenta la posibilidad de producción de neumotórax, no puede determinarse en forma efectiva y fehaciente que en el caso hubiera sucedido así. Además, agrega que el actor cuenta con un antecedente de neumotórax a los 21 años y que reconoció haber sido fumador de 15 cigarrillos diarios factores que, de acuerdo con el perito, se consideran como causas predisponentes para desencadenar la patología padecida.

"F. A., J. P. y otro c/ Turismo Pecom SACFI y otro s/ lesión y/o muerte de pasajero transp. Aéreo"

SENTENCIA. CÁMARA NACIONAL DE APELACIONES EN LO CIVIL COMERCIAL FEDERAL DE LA CAPITAL FEDERAL, CIUDAD AUTÓNOMA DE BUENOS AIRES, 18 de Agosto de 2015
Id Infojus: NV13339

Cancelación de vuelo. Daño emergente. Daño moral. Ley de Defensa del Consumidor. Responsabilidad de la agencia de viajes.

Procede hacer lugar a la demanda por daños y perjuicios que promovieron los viajeros contra la agencia de turismo a través de la cual adquirieron los pasajes que le fueron cancelados por la aerolínea dado que ésta última cesó en sus actividades, y en consecuencia, condenar a la demandada a resarcir los daños emergente y moral, con más los intereses a la tasa activa que percibe el Banco de la Nación Argentina para sus operaciones ordinarias de descuento a treinta días sin capitalizar -desde la fecha en que se informó de la cancelación del vuelo contratado y hasta el efectivo pago del crédito-, pues la cuestión debatida se encuentra bajo la órbita de las relaciones de consumo que regula la Ley 24.240, es que la responsabilidad de las agencias de viajes abarca no sólo las hipótesis en que los servicios comprometidos son directamente brindados por ellas, sino inclusive en el caso de supeditación a la actividad de otras empresas prestatarias, ello sin perjuicio del reclamo que luego pudieran dirigir contra la aerolínea.

"Field, Tamara y Otro c/ Editando S.R.L. y Otro s/ Ordinario"

SENTENCIA. JUZGADO NACIONAL DE PRIMERA INSTANCIA EN LO COMERCIAL, Nro 17., 31/8/2015.
Id SAIJ: SUN0019154

Multa. Infracciones relacionadas con los derechos del consumidor. Responsabilidad de la agencia de viajes.

1. Corresponde revocar la multa impuesta en los términos de la ley 24.240 a una agencia de viajes denunciada por un cliente que, habiendo adquirido por su intermedio un pasaje aéreo, no pudo concretar el viaje por el intempestivo cese de operaciones de la aerolínea, pues la agencia se limitó a intermediar para que el denunciante adquiriera su ticket y si bien sería esperable que hubiese gestionado el reintegro del boleto, no parece razonable pensar que el cierre de oficinas y el cese de operaciones aéreas hubiesen sido predecibles para la agencia.

Responsabilidad de la agencia de viajes. Decreto reglamentario

2. Deviene inaplicable del art. 14 del Decreto N° 2182/72 en cuanto exime de responsabilidad a las agencias cuando sean intermediarias entre las empresas de servicios y los usuarios, a la relación habida entre una agencia de viajes y el cliente al cual expidió un boleto aéreo que no pudo utilizar por la quiebra de la aerolínea, ya que el decreto por esa vía reglamentaria introduce la interpretación de una cuestión relacionada en forma directa, precisa y expresa con el Código Civil, cual es lo relativo a los

contratos, violentando el art. 75 inc. 12 de la Constitución Nacional, tomando indebidamente la posición del legislador, pero además sustituyendo al Juez diciéndole cómo tiene que interpretar la Ley (del voto del Dr. Hang).

"Interturis S.A. s/ apelación (Ley Pcial. N° 1480)"

SENTENCIA. SUPERIOR TRIBUNAL DE JUSTICIA DE FORMOSA, 8/6/2015.
Id SAIJ: SU20006922

Responsabilidad de la agencia de viajes. Organizador

El organizador de un viaje de turismo responde por el incumplimiento total o parcial de los servicios contratados, siendo indiferente que los medios que utilice sean propios o contratados, tanto por sus propios actos u omisiones como por los de aquellas personas que el organizador emplee para cumplir con la prestación asumida.

"Palermo, Miguel Eduardo c/ Assist Card Argentina S.A. y Otros s/ Ordinario"

SENTENCIA. CÁMARA NACIONAL DE APELACIONES EN LO COMERCIAL DE LA CAPITAL FEDERAL, 19/2/2015.
Id SAIJ: SUN0019156

Responsabilidad de la agencia de viajes. Falta de culpa, dolo o negligencia.

Resulta improcedente la atribución de responsabilidad a la empresa de viajes por el incumplimiento de la empresa de aeronavegación originado en el cese de operaciones, toda vez que no se desprende de las constancias de la causa que la intermediaria haya obrado con culpa, dolo o negligencia en el cumplimiento de sus obligaciones de intermediación.

"Trapano, Humberto c/ Viajes Fallabella S.A. s/ Ordinario"

SENTENCIA. JUZGADO NACIONAL DE PRIMERA INSTANCIA EN LO COMERCIAL Nro 8, 21/8/2012.
Id SAIJ: SUN0019152

Responsabilidad del Hotelero

La puesta en el comercio de los salones de un hotel con ánimo de lucro para realizar reuniones, no implica el deslinde de las obligaciones de la empresa, respecto de hechos que puedan ocurrir en sus dependencias. De ahí que si la falta de certidumbre acerca de los componentes de la instalación eléctrica de los salones y la efectiva descarga recibida por la víctima provocó su muerte, cabe atribuirle responsabilidad a la empresa hotelera, en tanto el hecho obedeció a un vicio en la cosa imputable al dueño.-

"Loyola, Laura Susana c/ Bauen S.A.C.I.C. s/ Daños y Perjuicios"

SENTENCIA,CÁMARA NACIONAL DE APELACIONES EN LO CIVIL. CAPITAL FEDERAL, CIUDAD AUTÓNOMA DE BUENOS AIRES, Sala L, 18 de Marzo de 1999
Magistrados: PASCUAL
Id Infojus: FA99020129

Caja de seguridad del Hotel. Responsabilidad del Hotelero

1.-Corresponde rechazar la queja interpuesta, desde que la demandada no logra demostrar la configuración de algún vicio con entidad suficiente como para lograr la descalificación constitucional de la sentencia impugnada, en la que la Sala concluyó -luego de un pormenorizado análisis de las pruebas incorporadas a la causa y las particulares circunstancias del caso- que la accionada resultaba civilmente responsable por la injustificada apertura de la caja de seguridad del hotel, sosteniendo que el factor de atribución de la responsabilidad del hotelero en supuestos como el de autos es objetivo y pesa sobre éste la carga de la prueba de las eximentes que indica.

2.-La compareciente no alcanza a desmerecer lo puntualmente sostenido por el Sentenciante respecto a que no había demostrado la eximente invocada ni ninguna otra pues la demandada, habiendo reconocido que su personal utilizó la llave maestra del hotel para abrir la caja de seguridad el día del suceso, no había logrado justificar dicho proceder (no demostró que hubiera sido a pedido del actor) ni tampoco había siquiera individualizado cuál de sus empleados habría usado la llave en dicha oportunidad, todo lo cual entendió que debilitaba los hechos en tanto carecía de una explicación precisa y acabada acerca de las circunstancias que habrían tornado necesario el empleo de la llave maestra en el caso en concreto (De la ampliación de fundamentos de la Dra. Gastaldi)

"Benfield, Helena E. c/ Plaza Real S.A. – Ordinario- s/ Queja por Denegación del Recurso de Inconstitucionalidad"

CORTE SUPREMA DE JUSTICIA, Santa Fe, Santa Fe; 14-jun-2011; Fuente Propia; 00378; 32893/12

Transporte aéreo de pasajeros. Personas con necesidades especiales. Responsabilidad de la agencia de viajes.

No se trata sólo aquí de la información que debe darse a los pasajeros sobre los inconvenientes y dificultades que pueden encontrar en su viaje dada la discapacidad de alguno de ellos (primera parte del art. 3° de la ley 25.643), sino -principalmente- de la información que debe darse a los prestadores de servicios turísticos sobre la necesidad de asistencia especial del pasajero que efectúa la reserva (última parte de la norma citada). Las accionadas no hicieron ni una cosa ni la otra, pues tampoco se les informó a los pasajeros sobre la necesidad de avisar a la aerolínea, con la antelación necesaria, del requerimiento de asistencia especial del señor Rozwadower.

"Kesler, Raquel y Otro c/ Pompa Dominique, Héctor Danilo y Otros s/ Incumplimiento de contrato"

SENTENCIA. CÁMARA NAC. DE APELACIONES EN LO CIVIL COMERCIAL FEDERAL, 18/12/2014.
Id SAIJ: SUD0302730

10. b) Fallos completos.

Transporte Aéreo. No Show. Incumplimiento. Prueba

"Suñer, Josefina y Otro c/Aerolíneas Argentinas SA y Otro s/Incumplimiento de Contrato"

1. Corresponde rechazar la demanda interpuesta por los actores contra una aerolínea por incumplimiento de contrato de transporte aéreo, debido a que debían ser trasladados de Madrid hacia Buenos Aires el día 3 de octubre de 2008, y finalmente no volaron ese día ni el siguiente, sino que abordaron un vuelo del 8 de octubre, alegando los peticionantes que se trató de un caso de *overbooking*, en tanto las pruebas aportadas a la causa permiten inferir que el motivo de que no pudieron arribar al avión fue que no se presentaron a embarque en tiempo y forma (el *no show*), y el hecho de que los actores hayan asentado sus reclamos el 4 de octubre de 2008 sólo significa que estuvieron en el aeropuerto ese día, pero no prueba que hubieran arribado con la antelación debida, máxime cuando no se constató ni las ventas en exceso de pasajes para esos vuelos, ni otros reclamos de pasajeros verificados esos días con relación a esos vuelos, ni el registro de *negativa de embarque*.

2. En el contrato de transporte aéreo existe un interés especial en la regularidad de los servicios y el factor

de cumplimiento en el tiempo es uno de los elementos determinantes del acuerdo de voluntades, por lo que sin duda, el *overbooking* puede integrar una estrategia empresarial, con consecuencias abusivas hacia el pasajero que tiene su reserva confirmada y ha organizado y planificado su vida en función de su viaje; no obstante, esas conductas deben sustentarse en pruebas o en indicios coincidentes.

Cámara Nacional de Apelaciones en lo Civil y Comercial Federal – Sala I

Buenos Aires, 16 de Febrero de 2016.-

La Dra. María S. Najurieta dijo:
La sentencia de fs. 258/261 rechazó la demanda interpuesta por los señores Josefina Suñer y Rodrigo Javier Ayub contra las empresas Aerolíneas Argentinas S.A. y Aero Península S.A. por daños y perjuicios por incumplimiento de contrato de transporte aéreo de personas, que debía trasladarlos de Madrid hacia Buenos Aires el día 3 de octubre de 2008. El señor juez verificó que los actores no volaron ese día ni el siguiente y que abordaron el vuelo AR 1135 del 8 de octubre de 2008, descartando la hipótesis de overbooking invocada por los actores en las cartas documento cursadas en octubre y noviembre de 2008.

Por el contrario, apreció el dictamen del experto contable designado de oficio, que examinó los registros históricos de las reservas correspondientes, arribando a la conclusión que el motivo había sido la no presentación a embarque en tiempo y forma (el "no show"), no existiendo otras pruebas que sostuvieran la posición de los demandantes. En cuanto a la codemandada, empresa Aero Península S.A., el juez a-quo estimó que la rebeldía declarada no era suficiente para el progreso de la demanda en su contra y que la ausencia total de pruebas perjudicaba la postura de los actores. Consecuentemente, la demanda fue rechazada con imposición de costas a los señores Suñer y Ayub (a quienes, por incidente, se otorgó beneficio de litigar sin gastos).

2. Dicho pronunciamiento fue apelado por los actores a fs. 266. El recurso, concedido a fs. 267, fue fundado a fs. 310/315 y respondido por la codemandada Aerolíneas Argentinas a fs. 318/321. También se han deducido apelaciones en materia de honorarios a fs. 269 y 271.

3. Los actores solicitan la revocación de la sentencia, con sustento en los siguientes agravios: a) la parcial y errónea apreciación de la prueba por parte del magistrado, quien, a juicio de los recurrentes, ha soslayado los documentos aportados; b) la falta de ponderación de hechos relevantes, como que la mayorista Aero Península S.A. pagó la primera noche de hotel en Madrid, en un acto que significó

reconocer su responsabilidad; en similar sentido, el a-quo ignoró que Aerolíneas Argentinas ofreció una compensación económica en la carta documento de fs. 33; c) se ha efectuado una fragmentada ponderación de la pericia, pues el experto verificó irregularidades en la ocupación de los vuelos de los días 3 y 4 de octubre de 2008; d) es dogmática la liberación de responsabilidad respecto de la codemandada Aero Península S.A., soslayando los efectos de la declaración en rebeldía; y e) finalmente, los actores impugnan la imposición de las costas y los montos exorbitantes de la regulación de los honorarios.

4. Creo importante señalar que una característica de este expediente es la profusa argumentación de la parte actora, que no está sustentada en hechos verificados, sino en hipótesis o en una interpretación de los hechos por parte de quienes efectivamente vieron postergado su regreso a Buenos Aires. Por ello, creo pertinente recordar que los jueces no están obligados a tratar cada una de las argumentaciones que desarrollan las partes en sus agravios, sino solo aquellas que son conducentes para la solución del caso (Corte Suprema, Fallos 262:222; 272:227; 278:271; 291:390; 308:584, entre otros, esta Sala, causas 638 del 26.12.89 y sus citas, 1071/94 del 5.7.94, 11.517/94 del 28.8.97, 4093 del 25.11.97, 17.543/96 del 5.3.98, 610/03 del 23.5.06, 6234 del 31.8.06, entre otras). Esta posición cuenta explícitamente con respaldo legal en materia de

selección y valoración de la prueba tal como resulta del art. 388 del Código Procesal, numeración según Digesto Jurídico Argentino, aprobado por Ley 26.939 (confr. esta Sala, causa N° 4941/04 del 24/05/07; Sala 2, causas N° 748/02 del 02/07/08; entre otras).

5. No se halla discutido que los actores contrataron su transporte aéreo a través de una agencia de Salta, Casabindo Turismo S.A., que cerró poco después del conflicto. Ésta operó mediante un mayorista, Aero Península S.A., que negó toda responsabilidad en los hechos por la carta documento de fs. 191 del 17 de noviembre de 2008, informando que ninguna relación mantenía directamente con pasajeros. Los actores afirmaron que tenían tickets originales para el regreso en abril de 2008 pero que, debido a un cambio de planes, postergaron su estadía en Europa y contrataron sus reservas para el 3 de octubre de 2008, las que fueron confirmadas. Esta información fue corroborada en el responde de la demanda por Aerolíneas Argentinas S.A., empresa que admitió la existencia de las reservas confirmadas LGADUY (para Javier Ayub) y EQSZTN (para Josefina Suñer), para el vuelo AR-1135 del 3 de octubre de 2008 (cfr. reconocimiento de la co-demandada a fs. 123 y pericia contable de fs. 222/224). Sin embargo, no embarcaron en ese vuelo ni en su similar del día siguiente y pudieron regresar el día 8 de octubre de 2008, por el vuelo AR1135 Madrid-Buenos Aires.

El conflicto se suscitó por el motivo que provocó el no embarque. Por una parte, constan los documentos de reclamo de los actores del día 4/10/2008 (fs. 12, reclamación n° 0874; y libro de quejas de Aerolíneas Argentinas en sobre marrón). Los actores hicieron constar su indignación por la vaguedad de las respuestas ("no hay vuelos ni lugar para ustedes"), por la falta de cobertura de gastos (reclamación n° 0799, fs. 14), y por la ajenidad de los pasajeros frente a supuestos conflictos administrativos entre empresas (reclamación n° 0922, fs. 16, del 7/10/2008). En la segunda de estas reclamaciones, afirman no poder viajar por problemas de "overbooking" (fs. 12), posición que también sostienen en el escrito de demanda.

Por su parte, tanto en los registros originales de Aerolíneas Argentinas S.A., que fueron verificados por el perito Contador Martín Rafael Parrella (fs. 222), como en el responde de la demanda, la posición de la demandada fue que los actores no viajaron por "no presentación" (NS) en el horario debido y a las dificultades de reubicarlos en un período de vuelos completos.

6. En este contexto, entiendo que la documentación acompañada por los actores –los tickets originales, los tickets electrónicos, las constancias de la concreción del viaje el 8/10/2008, las facturas y tickets de gastos varios en el aeropuerto de Madrid, etc.– no tiene fuerza de convicción suficiente para probar la existencia del fenómeno conocido como

overbooking, frente a otras constancias del expediente. En tal sentido, el dictamen del perito contador sobre el sistema de registros internacionales de la demandada –un sistema que se informa como inalterable a posteriori– revela que los vuelos Madrid-Buenos Aires del 3 y del 4 de octubre de 2008 despegaron completos – incluso con dos pasajeros de más el día 4 de octubre, situación que fue aclarada por las características del avión, pero que no configura a mi juicio una sospechosa irregularidad–, sin que se hubiera registrado ninguna denegación de embarque de pasajeros (fs. 224). Este dato objetivo también fue corroborado por el testimonio de fs. 227. No hubo denegación de embarque, no hubo constancia alguna de "overbooking" y, en el examen histórico de las reservas confirmadas, aparece la clave "NS" que significa "no show", esto es, no presentación en tiempo apropiado.

El hecho de que los actores hayan asentado sus reclamos el 4 de octubre de 2008 sólo significa que estuvieron en el aeropuerto ese día, pero no prueba que hubieran arribado con la antelación debida, antes del cierre del embarque o, en atención a la modificación reconocida de los viajes originalmente contratados, en las condiciones debidas de emisión de los nuevos pasajes. Los hechos que se sucedieron en forma inmediata, a saber, los registros originales de la empresa aérea, en los que figura "NS", el texto de los reclamos efectuados entre los días 4 a 7 de octubre de 2008 –en donde los actores no manifiestan certezas sino que vislumbran el "overbooking" como una hipótesis–, unido al dictamen pericial que decididamente no constata ni las ventas en exceso de pasajes para esos vuelos, ni otros reclamos de pasajeros verificados esos días con relación a esos vuelos, ni el registro de "negativa de embarque", no permiten revertir la sentencia denegatoria dictada en la primera instancia.

Ello significa que, sin dejar de comprender las penurias vividas por los demandantes ante el retardo en concretar su regreso a Buenos Aires, no es posible atribuir tal circunstancia a conductas indebidas de la empresa aérea transportista ni tampoco a la empresa mayorista codemandada. En este último aspecto, los demandantes invocaron la responsabilidad solidaria de esta persona jurídica pero no aportaron ni siguiera una descripción del papel que correspondió a esta empresa en los servicios contratados por los actores con la agencia con sede en Salta, no demandada en autos.

Ciertamente, tal como esta Sala ha afirmado en anteriores precedentes, en el contrato de transporte aéreo existe un interés especial en la regularidad de los servicios y el factor de cumplimiento en el tiempo es uno de los elementos determinantes del acuerdo de voluntades (art. 19 de la Convención de Varsovia de 1929; art. 141 del Código Aeronáutico; en doctrina, conf. Folchi, Mario O. – Cosentino, Eduardo T., "Derecho Aeronáutico y transporte aéreo", Ed. Astrea, 1977, p. 105). Sin duda, el overbooking puede integrar una estrategia empresarial, con consecuencias abusivas hacia el pasajero que tiene su reserva confirmada y ha organizado y planificado su vida en función de su viaje. No obstante, esas conductas deben sustentarse en pruebas o en indicios coincidentes que no se verifican en estos autos.

Concluyo, pues, como el señor juez de primera instancia, en que no se han demostrado los presupuestos de la responsabilidad pretendida y ello conduce a la confirmación del rechazo de la demanda.

7. Como agravio autónomo, los demandantes han impugnado la imposición total de costas a su cargo. Sobre el punto, creo que existen zonas grises en la relación entre las partes que pudieron convencer a los actores de la razonabilidad de su relamo judicial. En tal sentido aprecio el pago, al menos de una noche de hotel, cualquiera fuese el motivo, por parte de una empresa del grupo de la codemandada, o el ofrecimiento extrajudicial de una compensación económica –irrisoria en el monto– por parte de Aerolíneas Argentinas S.A. Puesto que el pasajero no recibió por escrito una información fehaciente a la que pudiera atenerse, estimo que ello debe incidir en cuanto a las costas, correspondiendo distribuirlas por su orden en ambas instancias (artículo 70, segundo párrafo, Código Procesal Civil y Comercial

de la Nación, texto según el Digesto Jurídico Argentino).

Por lo expuesto, expreso mi voto por el rechazo de la apelación de la actora, excepto en lo relativo a las costas, las que propongo distribuir por su orden en ambas instancias (art. 70, segundo párrafo, código de rito).

El doctor Ricardo Víctor Guarinoni adhiere al voto que antecede.

En mérito a lo debatido en el Acuerdo precedentemente transcripto, el Tribunal RESUELVE: rechazar la apelación de la parte actora, excepto en lo relativo a las costas, las que se distribuyen por su orden en ambas instancias (art. 70, segundo párrafo, código de rito).

En virtud del art. 280 del Código Procesal Civil y Comercial de la Nación, déjanse sin efecto los honorarios regulados en la primera instancia.- Regístrese, notifíquese y devuélvanse los autos.- El Dr. Francisco de las Carreras no suscribe la presente por hallarse en uso de licencia (art. 109 del R.J.N.). Regístrese, notifíquese y devuélvase.- María S. Najurieta – Ricardo V. Guarinoni

IJ-XCVIII-188

1.Turismo. Derechos del consumidor. 2.Contrato. Causa fin. Frustración. Guerra. Relación de consumo. Deber de información

"P. N., M. M. y otro c/Juliá Tours SA y otro s/daños y perjuicios"

Turismo. Derechos del consumidor

1. El régimen aplicable al contrato de turismo también debe considerarse integrado por las disposiciones de la ley de defensa del consumidor y sus normas tuitivas, con especial acento en el deber de información que emana tanto del artículo 42 de la Constitución Nacional como del artículo 4 de la ley 24.240.

Contrato. Causa fin. Frustración. Guerra. Relación de consumo. Deber de información

2. Debe responsabilizarse a las organizadoras de un viaje turístico por la frustración del fin del contrato turístico, ante el incumplimiento de alguna de las prestaciones programadas, debido al estado de virtual guerra civil que en ese momento experimentaba el país a visitar, al haber omitido informarles de manera oportuna y eficaz dicha circunstancia para que optaran entre suspender o reprogramar el viaje.

Cámara Nacional en lo Civil, Sala A, 24 de agosto de 2015.

Fallo – Texto Completo:

En la Ciudad de Buenos Aires, capital de la República Argentina, a los 24 días del mes de agosto del año dos mil quince, reunidos en acuerdo los señores jueces de la Sala "A" de la Excma. Cámara Nacional de Apelaciones en lo Civil, para conocer en los recursos de apelación interpuestos en los autos caratulados: "P. N., M. M. y otro c/ J. Tours S. A. y otro s/ Daños y perjuicios", respecto de la sentencia de fs. 820/826 el tribunal estableció la siguiente cuestión a resolver:
¿SE AJUSTA A DERECHO LA SENTENCIA APELADA?
Practicado el sorteo resultó que la votación debía realizarse en el siguiente orden: señores jueces de cámara doctores: SEBASTIÁN PICASSO – RICARDO LI ROSI – HUGO MOLTENI.
A LA CUESTIÓN PROPUESTA, EL DR. SEBASTIÁN PICASSO DIJO:
I. La sentencia de fs. 820/826 rechazó la demanda interpuesta por M.M. P. N. y E. M. R. contra Julia Tours S. A. y Lesami S. A., con las costas del juicio por su orden.
El pronunciamiento fue apelado por las actoras, quienes expresaron agravios a fs. 853/873. Las demandantes se quejan por el rechazo de la demanda

y achacan a la sentenciante arbitrariedad en la valoración de las distintas pruebas que obran en el expediente. Esta presentación fue contestada por J. Tours S. A. a fs. 890/893.

Por su parte, la demandada J. Tours S. A. expresó agravios a fs. 881/882, por la imposición de las costas por su orden, lo que fue respondido por las actoras a fs. 885/888.

II. Memoro que los jueces no están obligados a hacerse cargo de todos y cada uno de los argumentos expuestos por las partes ni a analizar las pruebas producidas en su totalidad, sino que pueden centrar su atención únicamente en aquellos que sean conducentes para la correcta decisión de la cuestión planteada (art. 386, Código Procesal).

Asimismo aclaro que, al cumplir los agravios de las recurrentes la crítica concreta y razonada que prescribe el art. 265 del Código Procesal, en aras de la amplitud de la garantía de defensa en juicio, y conforme al criterio restrictivo que rige en esta materia (Gozaini, Osvaldo A., Código Procesal Civil y Comercial de la Nación. Comentado y Anotado, La Ley, Buenos Aires, 2006, t. II, p. 101/102; Kielmanovich, Jorge L., Código Procesal Civil y Comercial de la Nación. Comentado y Anotado, Lexis Nexis, Abeledo-Perrot, Buenos Aires, 2003, t. I, p. 426), no propiciaré la sanción de deserción que postula Julia Tour S. A. a fs. 890/893.

Por último creo menester poner de resalto que, si bien a partir del 1 de agosto de 2015 ha entrado en vigor el nuevo Código Civil y Comercial de la Nación, los hechos ventilados en el sub lite (y por ende, la constitución de la obligación de reparar) han acaecido durante la vigencia del Código Civil derogado. Por consiguiente -y con excepción de ciertas normas puntuales de la nueva legislación que resultan inmediatamente aplicables, según se expondrá en cada caso-, la cuestión debe juzgarse a la luz de la legislación derogada, que mantiene ultractividad en este supuesto (art. 7, Código Civil y Comercial de la Nación; vid. Roubier, Paul, Le droit transitoire. Conflit des lois dans le temps, Dalloz, Paris, 2008, p. 188/190; Kemelmajer de Carlucci, Aída, La aplicación del Código Civil y Comercial a las relaciones y situaciones jurídicas existentes, Rubinzal-Culzoni, Santa Fe, 2015, p. 158).

III. Antes de entrar en el tratamiento de las quejas, es pertinente realizar un breve resumen de las constancias de la causa.

No esta discutido que las Sras. P. N. y R. contrataron con Lesami S. A., en el mes de noviembre de 2010, un tour para dos personas (reconocido por esa demandada a fs. 276, punto V) a Egipto (Valle de los Reyes y adicional a Abu Simbel), a través del operador J. Tours S. A., con salida desde el aeropuerto de Ezeiza el día 29/1/2011, y llegada al aeropuerto de El Cairo el día 30/1/2011, previa escala en Roma (fs. 30/32 y 36/37).

Tampoco caben dudas de que con fecha 25/1/2011 comenzaron los movimientos revolucionarios en

Egipto (fs. 601, ap. "a"). Esto surge de distintos medios de prensa y, además, fue de público conocimiento. Con fecha 26/1/2011 la revuelta social en El Cairo era noticia mundial reflejada en los principales diarios de nuestro país (vid. fs. 430/496 y 558/576). Es por ese motivo que las actoras se pusieron en contacto con Lesami S. A., y personal de esa sociedad confirmó que el operador Julia Tours S. A. les había informado que el turismo podía desarrollarse con normalidad (esto fue corroborado por los empleados de esta última sociedad, el Sr. Bisogno, la Sra. Testa y el Sr. Testa -vid. fs. 394 vta., rta. 4ª y 6ª, 398 vta., rtas. 4ª y 6ª, y 400 vta. rta. 4ª, respectivamente-, y reconocido por el Sr. M., empleado de Lesami S. A., a fs. 521 vta., rtas. 3ª y repregunta 5ª, y por esta última empresa de turismo a fs. 276, punto V).

Según informó la embajada argentina en El Cairo: "A partir del 28 de enero la circulación por las calles de El Cairo resultó sumamente difícil cuando no imposible por los numerosos cortes, controles, manifestaciones, desvíos, etc. Asimismo, el 28 de enero se interrumpió el servicio de telefonía móvil y el acceso a Internet. Desde el viernes 29 a la noche el Gobierno egipcio dejó de prestar el servicio de policía retirando las fuerzas de seguridad de la vía pública. La Embajada dejó de recibir seguridad policial. Esta situación se agravó notablemente a partir del sábado 29 con la masiva fuga de delincuentes comunes de varios establecimientos carcelarios quienes asolaron los barrios de El Cairo, incluso de clase media alta, y de las localidades aledañas muñidos con armas de fuego aparentemente sustraídas de comisarías incendiadas. Por otra parte, dejaron de funcionar los bancos y los cajeros automáticos, la mayor parte de los comercios cerró y se comenzó a verificar desabastecimiento de algunos productos. El muy escaso transporte público observó significativas restricciones. Los colegios públicos y privados también cerraron" (sic, fs. 602, rta. "d", lo que por otra parte se refleja en las notas de los diarios ya referenciados, fs. 430/496 y 558/576).

Las demandantes partieron desde Ezeiza el día programado, arribaron el 30/1/2011 al aeropuerto de Fiumicino, y se embarcaron en otro vuelo hacia El Cairo. Ese día, en atención al toque de queda que se había establecido en Egipto a partir del 28/1/2011 (fs. 602, rta. "b"), la cancillería argentina emitió un comunicado en el que recomendaba "evitar viajes no indispensables a ese país hasta tanto la situación retorne a la normalidad" (fs. 608).

Las actoras alegaron que cuando arribaron a El Cairo había toque de queda en la ciudad, y que la mayoría de los servicios ofrecidos en el tour estaban cancelados. Según relataron, llegar al hotel fue una odisea a causa de las barricadas en las calles, de la presencia de civiles armados, militares, tanques de guerra y, sobre todo, del camino escogido por el guía encargado de transportarlos desde el aeropuerto hasta el hotel, pues aquel los llevó por la plaza en donde se concentraba la muchedumbre. Una vez en el hotel, les avisaron que nadie podía salir de aquel lugar. Esto es coherente con el comunicado de la cancillería argentina antes mencionado, que en su parte pertinente decía: "La Embajada recomienda también a los argentinos que se encuentren en Egipto evitar desplazamientos al interior del país que no sean estrictamente necesarios" (sic, fs. 608, comunicado del 30/1/2011). Además, coincide con el relato que brindó la testigo L. (fs. 389 vta./390, rtas. 2ª, 3ª y 4ª). Adviértase que el toque de queda regía desde las 16 hs. hasta las 8 hs. (fs. 602, rta. "b").

Las actoras añadieron que al día siguiente, el 31/1/2011, se dirigieron al aeropuerto doméstico, en donde -con demora- partieron hacia Luxor a fin de realizar un crucero que estaba programado. Sin embargo, no podían salir del crucero sin la compañía del guía, y navegaron hasta Asuán sin detenerse en Esna y Edfu, que estaban previstos en el "voucher" original. Una vez en Asuán, les comunicaron que la excursión a Abu Simbel había sido cancelada. Además, les informaron que en El Cairo había una guerra civil y que el día 4/2/2011, fecha en que tenían que regresar a esa ciudad, iba a haber una marcha de la oposición para pedir la renuncia del presidente. Según alegaron las demandantes, no fue aceptado su pedido de que las sacasen de Egipto desde Asuán, sin ir a El Cairo, por lo que volvieron a dicha ciudad, en donde quedaron alojadas una noche. Finalmente, el 5/2/2011 salieron hacia Roma, donde permanecieron hasta la fecha de regreso a la Argentina, el 7/2/2011. Ese relato fue confirmado por los testigos Lahitou (fs. 390/391, rtas. 9ª, 10ª, 11ª, 12ª, 13ª, 14ª, 15ª, 18ª y 19ª), Bisogno (fs. 395, rtas. 3ª y 4ª), la Sra. Testa (fs. 398 vta./399, rta. 9ª), el Sr. Testa (fs. 400 vta., rta. 9ª, y el Sr. Macías, rta. 521 vta./522, rtas. 5ª, 9ª y 10ª).

Frente a este panorama, las recurrentes sostuvieron que no se cumplió con los servicios prometidos al momento de contratar el tour, que vivieron momentos de tensión, y que sintieron que sus vidas peligraban. Reclamaron ser indemnizados por "daño moral y psicológico", y la devolución del dinero abonado por el viaje.

Por su parte, Lesami S. A. alegó que brindó información a las actoras y que ella es titular de una agencia intermediaria; añadió que la organizadora del viaje y de las excursiones fue Julia Tours S. A., razón por la cual ella no puede ser responsabilizada por el incumplimiento alegado por las actoras (fs. 276/277, punto V). Asimismo, invocó la existencia de un caso de fuerza mayor.

A su turno, la codemandada Julia Tours S. A. (fs. 291 vta./294) dijo que no tenía el deber de conocer "con exactitud y precisión hechos vinculados a una revolución que excede hasta la propia fila oficial de seguridad interior de aquél país". Además, expresó que sus operadores locales en El Cairo le informaron que el turismo podía desarrollarse con normalidad.

También agregó que se derivó a las actoras a Roma, y que a su regreso a la Argentina sus inquietudes fueron atendidas.

La Sra. juez de grado consideró que los episodios que sucedieron en Egipto constituyeron una causa ajena respecto de las emplazadas, ya que no tenían posibilidad de conocer aquellos hechos, por lo que se configuró un caso de fuerza mayor que quebró el nexo causal. Por lo tanto -como ya lo anticipé- rechazó la demanda.

Esta decisión fue apelada por las demandantes, quienes pretenden que se revoque la sentencia, con fundamento en la prueba obrante en la causa y en que las demandadas pudieron haber evitado enviarlos a un país con las condiciones sociales en las que se encontraba Egipto días antes de su partida desde Argentina.

Así reseñados los hechos y las pretensiones de las partes, corresponde ahora subsumirlos en el derecho aplicable al caso.

IV. La actividad de las agencias de viajes está sujeta a las disposiciones de la ley n° 18.829 (Ley Nacional de Agentes de Viajes), cuyo decreto reglamentario (n° 2.182/1972) establece: "las agencias de viajes serán responsables por cualquier servicio que hayan comprometido ellas, sus sucursales o sus corresponsales, siempre que no estén comprendidas en el párrafo siguiente. Quedan eximidas las agencias de toda responsabilidad frente al usuario, no mediando culpa, dolo o negligencia de su parte, cuando sean intermediarias entre las empresas de servicios y los mencionados usuarios, siempre y cuando tales empresas desarrollen sus actividades sujetas a un reglamento o legislación aprobado por autoridad competente que establezca las modalidades de la contratación entre esas empresas y los usuarios" (art. 14).

Asimismo, el contrato internacional de viaje está regulado por la Convención Internacional relativa al Contrato de Viaje celebrada en Bruselas en 1970 (en adelante, "Convención de Bruselas"), adoptada por nuestro país a través de la ley 19.918.

Según esa convención, organizador de viaje es toda persona que habitualmente se compromete "en su nombre a procurar a otra, mediante un precio global, un conjunto de prestaciones combinadas de transporte, de estadía distintas del transporte o de otros servicios que se relacionan con él" (sic), sea a título principal o accesorio, profesional o no (art. 1, incs. 2 y 5). Ese mismo instrumento define como intermediario de viaje a toda persona que habitualmente se obliga "a procurar a otra, mediante un precio, o bien un contrato de organización de viaje, o una de las prestaciones aisladas que permitan realizar un viaje o una estadía cualquiera", sea a título principal o accesorio, profesional o no (art. 1, incs. 3 y 6). Asimismo, el art. 17 de la convención estipula: "Todo contrato celebrado por el intermediario de viajes con un organizador de viajes o con personas que suministran servicios aislados, es considerado como que ha sido celebrado por el viajero" (sic).

Sin embargo, el art. 18 de aquella convención establece en su inc. 1: "Cuando el contrato de intermediario de viaje se refiere a un contrato de organización de viaje, se someterá a las disposiciones de los arts. 5 y 6, debiendo completarse la mención del nombre y del domicilio del organizador de viajes, con la indicación del nombre y dirección del intermediario de viajes y con la mención que éste actúa en calidad de intermediario del primero". La sanción a la inobservancia de tal requisito está prevista en el art. 19, inc. 2: "En caso de violación de las obligaciones mencionadas en el párrafo primero del art. 18, el intermediario de viajes será considerado como organizador de viajes".

Con relación a la responsabilidad del organizador de viajes, el art. 13 de la Convención de Bruselas establece que: "será responsable de todo perjuicio causado al viajero en razón del incumplimiento, total o parcial, de sus obligaciones de organización tales como resultan del contrato de la presente Convención, salvo que pruebe que él ha obrado como un diligente organizador de viajes". Y el 15 de ese cuerpo normativo dice: "El organizador de viajes que hace efectuar por terceros prestaciones de transporte, alojamiento o cualquier otro servicio relativo a la ejecución del viaje o la estadía, será responsable de todo perjuicio causado al viajero en razón del incumplimiento total o parcial de esas prestaciones, conforme a las disposiciones que las rigen. Idéntico criterio se seguirá ante cualquier perjuicio causado al viajero en ocasión de la ejecución de estas prestaciones, salvo si el organizador de viajes prueba que él se ha comportado como un diligente organizador de viajes en la elección de la persona que realiza el servicio".

Por otra parte, respecto del intermediario de viajes la convención estipula que él: "será responsable de los actos y omisiones de sus empleados y agentes cuando estos actúen en el ejercicio de sus funciones, como si fueran propios" (art. 21). Y, además, en el art. 22 inc. 1 establece: "El intermediario de viajes será responsable por toda falta que cometa en la ejecución de sus obligaciones, debiendo apreciarse dicha culpa en relación con los deberes que incumben a un diligente intermediario de viajes".

Es prístino que las normas recién mencionadas (ley 18.829, decreto 2.182/1972, y Convención de Bruselas) estructuran -en principio- un sistema de responsabilidad subjetiva, basado en la diligencia que deben poner las agencias intermediarias y los organizadores de viajes en la prestación del servicio prometido por ellas y en la selección de las personas (físicas o jurídicas) que eligen para ejecutarlas. Sin embargo, el art. 2 inc. 2 de aquella convención dispone que sus reglas se aplicarán: "sin perjuicio de las legislaciones especiales que establezcan disposiciones más favorables para algunas categorías de viajeros".

En consecuencia, aquel régimen especial debe integrarse con los principios generales de la responsabilidad civil establecidos en el Código Civil. Por otra parte, no caben dudas de que, en tanto las actoras contrataron con las demandadas la provisión de un servicio de turismo (que incluía transportes aéreos, terrestres y navales, hospedajes, alimentación, y excursiones) para su consumo final, se configuran los extremos previstos por los arts. 1 y 2 de la ley 24.240, razón por la cual resulta indudable que existía entre las partes una relación de consumo. Por tal razón, el régimen aplicable al contrato de turismo también debe considerarse integrado por las disposiciones de la recién citada Ley de Defensa del Consumidor (vid. Lorenzetti, Ricardo L., Consumidores, Rubinzal-Culzoni, Santa Fe, 2009, p. 380 y ss.; Vázquez Ferreyra, Roberto A., "Derecho del consumidor y usuario de servicios turísticos", RCyS, 2001-242; Borda, Alejandro, "El contrato celebrado con organizadores de viajes turísticos es un contrato de consumo", LL 2003-B-213; Barreiro, Karina M., "La responsabilidad de las agencias organizadoras de viajes frente al viajero por el incumplimiento en el deber de informar", LL, 2008-F, 382; Rinessi, Antonio J., "Protección del consumidor de servicios turísticos", en Picasso, Sebastián – Vázquez Ferreyra, Roberto A. (dirs.), Ley de defensa del consumidor comentada y anotada, La Ley, Buenos Aires, 2009, t. II, p. 199 y ss.; Kemelmajer de Carlucci, Aída, "El contrato de servicios turísticos. Su realidad en la jurisprudencia argentina reciente", Revista de Derecho Privado y Comunitario, 2005-2, 21; Tale, Camilo, Contrato de viaje. Responsabilidad de las empresas de turismo por incumplimiento y por daño al viajero, Hammurabi, Buenos Aires, 2005, t. 1, p. 269, 281 y ss.).

Entre otras cosas, la aplicación al sub lite de las normas tuitivas de los consumidores y usuarios lleva a poner el acento en el deber de información que dimana tanto del art. 42 de la Constitución Nacional como del art. 4 de la ley 24.240. Es sabido que en las relaciones de consumo ese deber se ve particularmente acentuado, y abarca tanto la etapa precontractual como la contractual propiamente dicha. En la primera de ellas, la información tiene por finalidad que el consumidor tome una decisión razonada, en conocimiento de todas las características de las cosas o servicios que adquiere, las condiciones de comercialización, etc. En cambio, en la etapa contractual (en la que cabe enmarcar la cuestión debatida en el sub lite) su finalidad es la de garantizar una ejecución satisfactoria del contrato, lo que constituye un factor íntimamente vinculado al principio cardinal de la buena fe (Stiglitz, Rubén S., "Deber de información precontractual y contractual. Deber de Consejo. La cuestión en los contratos paritarios y de consumo", LL 2009-B, 1085; Rinessi,

Antonio J., "Relación de consumo y derechos del consumidor", Astrea, Buenos Aires, 2006, p. 144; Junyent Bas, Francisco A. – Garzino, María C., "El deber de información al consumidor", LL 2012-B, 1159; Mosset Iturraspe, Jorge – Wajntraub, Javier H., Ley de Defensa del Consumidor, Rubinzal Culzoni, Santa Fe, 2010, p. 68).

En cambio (y en esto discrepo con el encuadre normativo efectuado por la anterior sentenciante), ningún rol cumple en esta causa el art. 40 de la Ley de Defensa del Consumidor. Como ya ha tenido oportunidad de señalarlo este tribunal, esa norma -al igual que el art. 5 de la ley 24.240- se dirige a tutelar lo que la doctrina contemporánea denomina el "interés de protección" del consumidor, es decir, su interés en no sufrir daños, en el ámbito de la relación de consumo, como consecuencia de la lesión de bienes distintos de los que constituyen el objeto del contrato (vid. esta sala, 20/2/2014, "N. C. L. B. y otro c/ Edificio Seguí 4653 S. A. y otros s/ vicios redhibitorios", L. n° 595.667). En el sub lite, en cambio, las actoras reclaman por la frustración de su interés de prestación, pues se quejan por los perjuicios derivados del incumplimiento de las obligaciones principales asumidas por las demandadas (frustración de los servicios turísticos, que constituían, precisamente, el objeto contractual). En consecuencia, la eventual responsabilidad de las emplazadas nada tiene que ver con la infracción de deberes de protección (como sería el caso, v.g., del daño sufrido por un viajero a causa de las lesiones físicas ocasionadas durante un accidente mientras era transportado en cumplimiento del contrato), lo que excluye la aplicación de los arts. 5 y 40 de la ley 24.240, ya mencionados.

V. Previamente a analizar -sobre la base de los parámetros que quedan así sentados- la responsabilidad de las demandadas, es preciso establecer en qué calidad actuaron ellas en este caso, pues ya se ha visto que el régimen de responsabilidad aplicables a los organizadores y los intermediarios de viajes difiere en aspectos importantes.

Ninguna duda cabe de que J. Tours S. A. actuó en la especie como organizadora. En cambio, Lesami S. A. pretende alegar su supuesto carácter de intermediaria, a fin de desligarse de la responsabilidad que se le endilga.

Sin embargo, ya he señalado que la normativa aplicable requiere, como condición para hacer valer ese carácter, que el contrato mencione el nombre y el domicilio del organizador de viajes, con la indicación del nombre y dirección del intermediario de viajes y la mención que éste actúa en calidad de intermediario del primero (arts. 18 inc. 1, y 19 inc. 2, Convención de Bruselas).

No otra cosa resulta, asimismo, de la aplicación de los arts. 42 de la Constitución Nacional y 4 y concs. de la ley 24.240, que ponen en cabeza del proveedor la obligación de suministrar al consumidor una información completa y detallada sobre todas las circunstancias relevantes del contrato de consumo. A ese respecto debe señalarse que el consumidor que concurre a una agencia de viajes -confiando en el prestigio que tiene la marca o el nombre comercial de esa empresa- puede legítimamente suponer que aquella se obliga personalmente a la realización de las prestaciones que le ofrece. Esta confianza legítima, que en el derecho del consumo cuenta con expresa protección legal (arts. 4, 7 y 8, ley 24.240), lleva a considerar personalmente obligada a la agencia siempre que no haya informado clara y detalladamente al viajero la calidad en la que intervenía, y el hecho de que su intervención -y su consiguiente responsabilidad- se limitaba a oficiar de intermediaria entre el consumidor y el organizador de viajes.

Ahora bien, de la documentación aportada a la causa no surge que Lesami S. A. haya informado su calidad de intermediaria. En efecto, esa circunstancia no surge del billete electrónico que se otorgó a las actoras (fs. 34/37) ni del itinerario (fs. 30/32), pues si bien allí figura el nombre de Julia Tours S. A., de ningún lado surge que Lesami S. A. era una sociedad intermediaria. Mucho menos se hizo tal distinción al momento de cobrarse el viaje (fs. 267).

Alguna duda podrían generar las condiciones generales impresas en la factura de Lesami S. A. (fs. 267 vta.), pero si bien allí se dice que "La empresa declara expresamente que actúa en el carácter de intermediaria en la reserva o contratación de los distintos servicios vinculados e incluidos en el respectivo tour o reservación de servicios" (texto que coincide con el punto "i" de las condiciones generales del contrato de servicios turísticos aprobadas por la resolución 256/2000 de la Secretaría de Turismo de la Nación), lo cierto es que no se identifica en ese instrumento con precisión quién era el organizador del viaje.

Por ese motivo debe considerarse -contrariamente a lo sostenido en la sentencia recurrida- que Lesami S. A. actuó en el caso como organizador del viaje, al igual que J. Tours S. A., pues ambas aparecieron ante los ojos de las viajeras como comprometiendo el paquete contratado, la primera como organizadora y la segunda como operadora.

VI. Establecida cuál es la normativa aplicable, y la calidad en la que intervinieron las emplazadas, es hora de analizar concretamente la imputación de responsabilidad que les formulan las recurrentes.

Como ya lo he señalado, no está discutido en autos que, si bien las actoras fueron efectivamente trasladadas a Egipto, y se cumplieron algunas de las prestaciones programadas (alojamiento en hoteles, realización de un crucero), otras no pudieron concretarse debido al estado de virtual guerra civil que en ese momento vivía el mencionado país. Entiendo que esa situación puede analizarse como una frustración del fin contrato turístico que, en el caso, se combina con el incumplimiento de obligaciones asumidas por las demandadas (incumplimiento de parte de los servicios turísticos comprometidos e infracción del deber de información, lo que causó una inejecución total). También juzgo que las emplazadas no han acreditado una imposibilidad absoluta y objetiva para cumplir sus obligaciones, lo que las hace responsables por la inejecución.

Vamos por partes. Como todo contrato, el de prestación de servicios turísticos tiene una causa-fin objetiva (la efectiva prestación del servicio contra el pago del precio pactado) pero también puede comprender una causa-fin subjetiva, en la medida en que exista un móvil causalizado, lo que requiere que este haya sido debidamente aceptado por ambas partes, y determinante de la celebración del contrato (Bueres, Alberto J., Objeto del negocio jurídico, Hammurabi, Buenos Aires, 1986, p. 139; De Lorenzo, Miguel F., "La causa del negocio jurídico. Relevancia genética y funcional. La frustración de la causa fin", en Tobías, José W. (dir.), Colección de análisis jurisprudencial. Derecho Civil – Parte General, La Ley, Buenos Aires, 2003, p. 479 y ss.). Poca duda cabe de que eso es lo que sucedió en el sub lite, pues la adquisición de un paquete turístico para visitar Egipto no puede haber tenido otra finalidad que la de disfrutar de los atractivos turísticos ofrecidos por ese destino.

Este móvil es compartido y determinante, pues si no fuera por él los operadores turísticos no ofrecerían esa clase de paquetes, que implica el pago de tarifas acordes con el destino en cuestión y la naturaleza hedonística del viaje.

Ahora bien, es sabido que la frustración del fin del contrato (entendido como el o los móviles que guiaron a las partes a contratar, debidamente causalizados por la concurrencia de los requisitos antes mencionados) generada por circunstancias extraordinarias ajenas al riesgo asumido por la parte afectada permite a esta última solicitar la resolución del acuerdo. Este principio era ya aceptado por la doctrina y la jurisprudencia sobre la base de diversos institutos previstos por el Código Civil de Vélez Sarsfield (la buena fe, la teoría de la causa, y el art. 1522; vid. Borda, Alejandro, "La frustración del fin del contrato", LL 1991-E, 1450; Alterini, Atilio A., Contratos civiles – comerciales – de consumo. Teoría general, Abeledo Perrot, Buenos Aires, 1999, p. 456 y ss.; Lorenzetti, Ricardo L., Tratado de los contratos, Rubinzal-Culzoni, Santa Fe, 2006, t. III, p. 203 y ss.), y está expresamente consagrado ahora por el art. 1090 del Código Civil y Comercial de la Nación (que si bien no es aplicable al sub lite debe ser tenido en cuenta en tanto expresa la intención actual del legislador, pauta esencialísima de interpretación de la ley).

En el caso, poca duda cabe de que la conmoción interior vivida en Egipto en la época del viaje realizado por las actoras constituyó un acontecimiento extraordinario, ajeno al riesgo que comúnmente asumen los turistas (que llueva o haga buen tiempo, que el destino turístico cumpla más o menos las expectativas que se habían generado, etc.), que quitó a su viaje toda posibilidad de disfrute y lo convirtió, más bien, en una angustiosa exposición a peligros y sinsabores. En esas circunstancias, cabe considerar que medió una frustración del fin del contrato que autorizaba a las demandantes a pedir su resolución -o, al menos, la reprogramación del viaje-, en tanto, pese a que las prestaciones comprometidas pudieran de todos modos haberse ejecutado (algunas fueron efectivamente ejecutadas y otras no), ellas eran inhábiles para lograr la finalidad turística y placentera perseguida.

Naturalmente, una cosa es que la frustración del fin del contrato pueda conllevar su ineficacia funcional, y otra distinta que ese hecho desencadene la responsabilidad civil de los operadores turísticos. Es evidente que en el caso esa responsabilidad no deriva de la simple frustración de la finalidad (que no implica en sí misma ningún incumplimiento de las demandadas), sino de la omisión de haber informado oportuna y eficazmente esa circunstancia a las actoras y haber optado, en cambio -en una actitud claramente reñida con la buena fe-, por ejecutar mecánicamente un plan prestacional que ya no tenía ninguna utilidad para las viajeras, e incluso las exponía a riesgos evidentes.

Corresponde en este punto traer nuevamente a colación el deber de información que pesa sobre los proveedores, que en el caso exigía, según lo acabo de señalar, imponer a las actoras del real estado de cosas en el destino y ofrecerles suspender o reprogramar el viaje. No cabe soslayar que, como lo señala con razón Vázquez Ferreyra, la obligación de informar al turista de todo cambio que se opere en los servicios contratados es de resultado y eso "implica que su incumplimiento acarrea la consiguiente responsabilidad civil, salvo que la agencia de turismo acredite una causa ajena (caso fortuito stricto sensu, culpa de la propia víctima o de un tercero por quien no debe responder)" (Vázquez Ferreyra, Roberto A., "Turismo y defensa del consumidor", LL 1996-C, 206).

En lo atinente a los efectos que pueden seguirse de la violación del deber de información en el contrato de turismo, se ha sostenido: "a) Puede ocurrir que por la falta de información no pueda iniciar el viaje, o que luego de iniciado no pueda aprovecharlo en absoluto (incumplimiento total del contrato). b) Que le haga perder parte del viaje, o el disfrute de alguno de sus elementos (incumplimiento parcial). c) Que aproveche todos los elementos, pero deficientemente (cumplimiento defectuoso)" (Tale, op. cit., t. 2, p. 809). Es evidente que en el caso nos encontramos ante el primer supuesto, pues mal puede pensarse que las actoras hayan podido obtener algún provecho o satisfacción de un viaje realizado en medio de una virtual guerra civil y de un estado de caos generalizado. Se configuró así la situación descripta por Lorenzetti: "el incumplimiento total es aquel que conduce a la frustración de la obtención de las ventajas perseguidas en el contrato, de modo que necesariamente significa que debe afectar el viaje contratado, impidiéndolo o dificultándolo ostensiblemente" (Lorenzetti, op. cit., p. 390).

Se suma a lo dicho que -como ya lo puntualicé- una parte de las prestaciones comprometidas ni siquiera pudo ser ejecutada (alteración de las paradas previstas durante el crucero, cancelación de la excursión a Abu Simbel, partida adelantada de El Cairo), lo cual indudablemente constituye también una infracción del plan prestacional comprometido por las demandadas. Como lo acabo de exponer, esa ejecución mecánica y parcial de algunas prestaciones, que -sumada al incumplimiento de la obligación de información- tuvo nula utilidad para las demandantes, debe asimilarse a un incumplimiento definitivo, lo que implica que las viajeras tienen derecho a obtener una indemnización "de la misma manera que si se hubiese cancelado el viaje antes de su inicio" (Tale, op. cit., t. 2, p. 877).

Ahora bien, es sabido que, establecido el incumplimiento de una obligación (en el caso, tanto la de informar a los consumidores como la de prestar correctamente los servicios turísticos ofrecidos), la única forma que tiene el deudor para exonerarse consiste en probar la imposibilidad sobreviniente, total, objetiva y absoluta de la prestación, causada por caso fortuito (Bueres, Alberto J., "El incumplimiento de la obligación y la responsabilidad del deudor", Revista de Derecho Privado y Comunitario, n° 17 (Responsabilidad contractual), Rubinzal-Culzoni, Santa Fe, 1998, p. 113; Pizarro, Ramón D. – Vallespinos, Carlos G., Obligaciones, Hammurabi, Buenos Aires, 1999, t. 3, p. 312). Precisamente, ambas demandadas han echado mano de esa eximente, al alegar que los acontecimientos desencadenados en Egipto en la época del viaje habrían constituido un caso de fuerza mayor. Explicaré seguidamente los motivos que me llevan a no compartir este encuadre.

Es evidente que una revuelta popular es un hecho irresistible. Sin embargo, ya he señalado que frente a la existencia de tales acontecimientos -que causaron una frustración del fin del contrato- la buena fe y las normas tuitivas del consumidor imponían a las demandadas informar inmediatamente a las actoras y suspender la ejecución del viaje, cosa que no hicieron. En otras palabras, la frustración del viaje se debió a un caso fortuito (los acontecimientos vividos en Egipto), pero no es esa frustración la que compromete la responsabilidad de las demandadas, sino que ella se debe a que incumplieron su obligación de información (que era distinta e independiente de la de prestar los servicios turísticos) y vulneraron la buena fe al pretender continuar adelante con un contrato cuya finalidad manifiestamente se había frustrado.

Lo que cabe analizar entonces es si era imposible para las demandadas conocer la situación que se vivía en Egipto en ese momento, pues en tal caso podría pensarse que habrían quedado liberadas de su obligación de informar, y que la ejecución de (al menos) los primeros tramos del viaje, pese a la existencia de una revuelta popular en pleno desarrollo, no habría contrariado la buena fe. Sin embargo, el hecho de que el toque de queda en Egipto haya sido dispuesto dos días antes de la llegada de los turistas a aquel país (es decir, el 28/1/2011) impide sostener esta última tesitura, pues se trataba de hechos notorios que incluso -como ya lo señalé- eran informados desde días atrás por la prensa de nuestro país. Tan es así que las propias actoras se pusieron en contacto con Lesami S. A. para preguntar si el viaje podía ser efectuado, pero -como también lo puntualicé más arriba- lejos de imponerlas de la realidad de la situación aquella agencia afirmó que Julia Tours S. A. había informado que el viaje podía desarrollarse con normalidad.

Apunto, al pasar, que en nada excusa la responsabilidad de las demandadas el hecho -no probado debidamente- de que la información errónea hubiera partido de los operadores de J. Tours S. A. en El Cairo, pues esa sola circunstancia -aun de haber sido cierta- no configuró un caso fortuito que les hubiera impedido cumplir con su obligación (de resultado) de informar a las demandantes. La sola circunstancia de que alguien les hubiese transmitido una información errónea no les impedía informarse debidamente por otras vías (máxime ante la trascendencia pública de la situación en Egipto), lo que descarta la existencia de una imposibilidad absoluta y objetiva de cumplimiento, no imputable y causada por caso fortuito. A lo que cabe añadir que el hecho del tercero (en el caso, los operadores locales) que el deudor contractual pone a cumplir la prestación en su lugar compromete la responsabilidad del obligado de la misma manera que si se tratase de su propio hecho (esta sala, 8/3/2012, "L., H. d. V. c/ D. L. F., M. y otros s/ Daños y perjuicios", L. n° 581.002, entre muchos otros; vid. mi obra La singularidad de la responsabilidad contractual, Abeledo-Perrot, Buenos Aires, 2011, p. 136 y ss., p. 29 y ss.; y "Responsabilidad civil en un caso de transfusión de sangre contaminada", RCyS, agosto de 2006, p. 42; Kemelmajer de Carlucci, Aida, Daños causados por los dependientes, Hammurabi, Buenos Aires, 1992, p. 41; Banchio, Enrique C., Responsabilidad obligacional indirecta, Astrea, Buenos Aires, 1973, p. 66).

Por consiguiente, hallándose acreditado el incumplimiento de las demandadas, y no habiéndose demostrado la extinción de la obligación por imposibilidad de cumplimiento, corresponde revocar la sentencia y hacer lugar a la demanda, lo que así propongo a mis distinguidos colegas.

VII. Antes de abocarme al análisis de los rubros reclamados en la demanda aclaro que las actoras cifraron su pretensión en dólares (fs. 259 y vta., punto VII).

Ahora bien, como es sabido la moneda de curso legal y forzoso en nuestro país es el peso (ley 23.928), y en el sub lite no se trata del incumplimiento de una obligación de dar una suma de moneda extranjera (art. 617, Código Civil), sino de obligaciones de hacer. Por consiguiente, fijaré la indemnización en moneda nacional.

VIII. Hecha esa aclaración, corresponde analizar las partidas indemnizatorias solicitadas por las actoras.

a) Devolución del dinero abonado

Las demandantes reclaman que les sean devueltas las sumas que pagaron por el tour "teniendo en cuenta que no se cumplió con lo convenido".

La primera observación que cabe realizar al respecto es que las actoras no resolvieron el contrato celebrado con la demandada (art. 1204, Código Civil), razón por la cual -pese al nomen iuris empleado en la demanda- no procede la restitución de las prestaciones cumplidas total o parcialmente. El reclamo debe entonces calificarse como la pretensión de obtener el cumplimiento por equivalente dinerario de obligaciones de hacer que fueron definitivamente incumplidas (tanto porque no se cumplió parte del plan prestacional como porque la que se ejecutó efectivamente no satisfizo el interés de los viajeros, que se había visto frustrado a causa de acontecimientos no debidamente informados por las emplazadas). No estamos entonces en el terreno de la indemnización de daños y perjuicios, sino en el de la ejecución forzada de la obligación, que da derecho a las pretensoras a obtener el valor de la prestación incumplida (art. 505 inc. 3, Código Civil; vid. mi obra La singularidad de la responsabilidad contractual, Abeledo-Perrot, Buenos Aires, 2011, p. 136 y ss.).

Dado que -como queda dicho- el incumplimiento debe calificarse como definitivo, corresponde otorgar a las actoras el valor de la totalidad de las prestaciones que conformaban el paquete turístico que pagaron. Según las constancias acompañadas en autos, las demandantes habrían abonado el monto de $ ... (fs. 49/50 y 51, coincidente con la copia de la factura adjuntada por Lesami S. A. a fs. 267).

Teniendo en cuenta esto último, así como la naturaleza y la extensión del viaje contratado por las actoras, estimo equitativo fijar su valor en la suma de $ ... (art. 165 del Código Procesal). Aclaro que si bien las demandantes solicitaron un importe menor sujetaron su reclamo a lo que en más o en menos resultare de las probanzas de autos (fs. 224), lo que habilita al tribunal a establecer un monto mayor. Máxime considerando que, como ya lo puntualicé, se trata de una deuda de valor (el equivalente dinerario de la prestación, y no la simple restitución de una suma de dinero) que debe ser cifrada en el momento más cercano a la sentencia.

Asimismo, propondré a mis colegas que, al no haber elementos que acrediten qué parte del precio total fue abonada por cada una, ese importe sea dividido en partes iguales entre las demandantes. En consecuencia, si mi voto fuere compartido, el rubro prosperaría por la suma de $ ... para cada demandante.

b) Daño moral

Puede definirse al daño moral como: "una minoración en la subjetividad de la persona, derivada de la lesión a un interés no patrimonial. O, con mayor precisión, una modificación disvaliosa del espíritu, en el desenvolvimiento de su capacidad de entender, querer o sentir, consecuencia de una lesión a un interés no patrimonial, que habrá de traducirse en un modo de estar diferente de aquel al que se hallaba antes del hecho, como consecuencia de éste y anímicamente perjudicial" (Pizarro, Ramón D., Daño moral. Prevención. Reparación. Punición. El daño moral en la diversas ramas del derecho, Hammurabi, Buenos Aires, 2004, p. 31).

En lo que atañe a su prueba, cabe señalar que, a tenor del principio que sienta el art. 377 del Código Procesal, se encuentra en cabeza de las actoras la acreditación de su existencia y magnitud, aunque, en atención a las características de esta especial clase de perjuicios, sea muy difícil producir prueba directa en ese sentido, lo que otorga gran valor a las presunciones (Bustamante Alsina, Jorge, "Equitativa valuación del daño no mensurable", LL, 1990-A-655).

En el caso, ante la frustración de un viaje de vacaciones a un destino turístico importante, lo que trocó el descanso y el disfrute que sin duda perseguían las actoras en una situación de angustia e incertidumbre, la existencia de un daño moral es fácilmente presumible (art. 163 inc. 5, Código Procesal).

En cuanto a su valuación, cabe recordar lo recientemente señalado por la Corte Suprema de Justicia de la Nación en el sentido de que: "Aun cuando el dinero sea un factor muy inadecuado de reparación, puede procurar algunas satisfacciones de orden moral, susceptibles, en cierto grado, de reemplazar en el patrimonio moral el valor que del mismo ha desaparecido. Se trata de compensar, en la medida posible, un daño consumado (…). El dinero es un medio de obtener satisfacción, goces y distracciones para restablecer el equilibrio en los bienes extrapatrimoniales. El dinero no cumple una función valorativa exacta, el dolor no puede medirse o tasarse, sino que se trata solamente de dar algunos medios de satisfacción, lo cual no es igual a la equivalencia. Empero, la dificultad en calcular los dolores no impide apreciarlos en su intensidad y grado, por lo que cabe sostener que es posible justipreciar la satisfacción que procede para resarcir dentro de lo humanamente posible, las angustias, inquietudes, miedos, padecimientos y tristeza propios de la situación vivida" (CSJN, 12/4/2011, "Baeza, Silvia Ofelia c/ Provincia de Buenos Aires y otros", RCyS, noviembre de 2011, p. 261, con nota de Jorge Mario Galdós).

En otras palabras, el daño moral puede "medirse" en la suma de dinero equivalente para utilizarla y afectarla a actividades, quehaceres o tareas que proporcionen gozo, satisfacciones, distracciones y esparcimiento que mitiguen el padecimiento extrapatrimonial sufrido por la víctima (Galdós, Jorge M., "Breve apostilla sobre el daño moral (como "precio del consuelo") y la Corte Nacional", RCyS, noviembre de 2011, p. 259).

La misma idea resulta del art. 1741 in fine del Código Civil y Comercial de la Nación, a cuyo tenor: "El monto de la indemnización debe fijarse ponderando las satisfacciones sustitutivas y compensatorias que pueden procurar las sumas reconocidas". Si bien -según ya lo expliqué- ese cuerpo normativo no es -en principio- aplicable al sub lite es indudable que los preceptos que lo integran deben inspirar la interpretación de las normas del Código Civil derogado en aquellos casos en que mantienen ultractividad, en la medida en que reflejan la decisión del legislador actual acerca de cómo deben regularse los distintos aspectos de la vida civil de nuestro país.

Por consiguiente, tendré particularmente en cuenta ese criterio para evaluar la suma que corresponde fijar en el sub lite en concepto de daño moral, a la luz de las características del hecho generador, su repercusión espiritual en las víctimas, y las demás circunstancias del caso.

La perito psicóloga designada de oficio informó que no hubo "daño psicológico" (fs. 554). Destaco que la actora pidió que se ampliara la experticia (fs. 588), lo que fue rechazado por el juzgado de grado por no "contener pedido de explicaciones en forma correcta" (fs. 600).

Por lo tanto, otorgo pleno valor probatorio a la experticia psicológica presentada en auto (art. 477, Código Procesal).

Sentado lo expuesto, y teniendo en los malestares y las angustias que un evento como el de autos pudo haber generado en las actoras, juzgo que debería fijarse por el presente concepto la suma de $... para cada una de las demandantes (art. 165, Código Procesal).

IX.Las sumas reconocidas en el presente voto llevarán intereses, que deben ser calculados desde la fecha del hecho hasta su efectivo pago a la tasa activa cartera general (préstamos) nominal anual vencida a treinta días del Banco de la Nación Argentina, tal como lo establece la jurisprudencia plenaria de esta cámara in re "Samudio de Martínez, Ladislaa c/ Transportes Doscientos Setenta S.A. s/ daños y perjuicios", del 20 de abril de 2009.

No desconozco que el art. 303 del Código Procesal fue derogado por el art. 12 de la ley 26.853. Sin embargo, en virtud del art. 15 de aquella norma, tal disposición recién entrará en vigor a partir de la efectiva integración y puesta en funcionamiento de los tribunales que allí se crean, razón por la cual hasta ese momento continúa vigente la doctrina plenaria. Ello se ve reforzado, asimismo, por lo dispuesto en la acordada n° 23/2013 de la Corte Suprema de Justicia de la Nación, que estableció que la operatividad de los recursos procesales creados por aquella ley se halla supeditada a la instalación y funcionamiento de las cámaras federales y nacionales que crea, e hizo saber que oportunamente el tribunal dictará las medidas conducentes para llevar a cabo la puesta en funcionamiento, instalación y habilitación de esos nuevos tribunales.

X. En cuanto al pedido de actualización monetaria, dicha pretensión se encuentra prohibida legalmente. En efecto, el art. 10 de la ley 23.928 -aun con la modificación introducida por la ley 25.561- prohibió a partir del 1/4/1991 toda "indexación" por precios, actualización monetaria, variación de costos o cualquier otra forma de repotenciación de las deudas.

Más allá de esa circunstancia, lo cierto es que -como acabo de señalarlo- el equivalente dinerario de la prestación ha sido fijado a valores actuales.

Por ese motivo, mociono rechazar la pretensión en estudio.

XI. Finalmente, con relación a las costas de primera instancia, en virtud de lo dispuesto por los arts. 68 y 279 del Código Procesal, al tratarse de un juicio donde se discutió la responsabilidad civil de las emplazadas, resulta de aplicación la jurisprudencia reiterada que hace soportar la totalidad de las costas al responsable, aun cuando algunos de los rubros reclamados no hubieran sido acogidos, o lo hubieran sido por un monto inferior al reclamado, pues las costas forman parte de la indemnización, y su cuantía es acorde al monto de la condena (esta sala, 30/11/2011, "N., Cristina Beatríz c/ Línea 22 S. A. y otros s/ Ds. y Ps." y "S. R., Jorge Enrique c/ Línea 22 S. A. y otros s/ Ds. y Ps.", L. n° 580.397 y n° 580.398, entre muchos otros). Propongo por lo tanto que las costas correspondientes a la primera instancia se impongan a las vencidas.

Igual suerte deben seguir las costas de alzada, pues las demandadas resultarían sustancialmente vencidas en esta instancia.

XII. En síntesis, para el caso de que mi voto fuere compartido, propongo al acuerdo hacer lugar al recurso de apelación de las actoras, y en consecuencia: 1) Revocar la sentencia apelada; 2) Hacer lugar a la demanda entablada por M. M. P. N. y E. M. R. contra Lesami S. A. y Julia Tours S. A., y condenar a estas últimas a abonar a cada una de las actoras la suma de $ ..., dentro de los diez días de quedar firme y aprobada la liquidación que habrá de practicarse en autos; 3) Disponer que los montos de condena llevarán intereses calculados en la forma descripta en el considerando IX del presente voto, y 4) Imponer las costas de ambas instancias a las vencidas.

A la misma cuestión, el Dr. Li Rosi dijo:

Por análogas razones, acompaño el voto propuesto por el vocal preopinante con la salvedad respecto del régimen de intereses.

En efecto, y de acuerdo a lo establecido por la doctrina plenaria sentada por esta Cámara Civil en los autos "Samudio de Martínez, Ladislaa c/ Transportes Doscientos Setenta S.A. s/ daños y perjuicios" del 20/04/09, sobre el capital reconocido corresponde aplicar la tasa activa cartera general (préstamos) nominal anual vencida a treinta días del Banco de la Nación Argentina.

Empero, toda vez que en la especie se fijaron los valores indemnizatorios al momento del presente decisorio, la indicada tasa debe regir recién a partir de este pronunciamiento, ya que de imponerse esos intereses desde el origen de la mora, se consagraría una alteración del capital establecido en la sentencia, configurado un enriquecimiento indebido, tal como puntualmente prevé la parte final de la referida doctrina plenaria, al contemplar una excepción a la vigencia de la tasa moratoria legal. Ello así, en la medida de que uno de los factores que consagran la entidad de la referida tasa, lo constituye la paulatina pérdida de valor de la moneda, extremo que en la especie ya fuera ponderado al definir el capital a valores actuales.

Por ello, corresponde que desde el momento de la mora y hasta el presente pronunciamiento, se calculen los intereses a la tasa de interés del 8% anual, que representan los réditos puros y, desde entonces y hasta el efectivo pago, a la tasa activa cartera general (préstamos) nominal anual vencida a treinta días del Banco de la Nación Argentina.

En consecuencia, con la disidencia sostenida, adhiero al voto del Sr. Juez preopinante.

A la misma cuestión el Dr. Molteni dijo:

Con la salvedad formulada por el Dr. Li Rosi, en punto a la tasa de los intereses, sumo mi adhesión al fundado voto del Dr. Picasso.

Con lo que terminó el acto.

Es copia fiel de su original que obra a fs. del Libro de Acuerdos de la Sala "A" de la Excma. Cámara Nacional de Apelaciones en lo Civil.

Buenos Aires, 24 de agosto de 2015.

Y VISTOS:

Por lo que resulta del acuerdo que informa el acta que antecede, Se Resuelve: 1) Revocar la sentencia apelada; 2) Hacer lugar a la demanda entablada por M. M. P. N. y E.M. R. contra Lesami S. A. y J. Tours S. A., y condenar a estas últimas a abonar a cada una de las actoras la suma de Pesos … ($ …-), dentro de los diez días de quedar firme y aprobada la liquidación que habrá de practicarse en autos; 3) Calcular los intereses desde el momento de la mora y hasta el presente pronunciamiento, a la tasa de interés del 8% anual, y, desde entonces y hasta el efectivo pago, a la tasa activa cartera general (préstamos) nominal anual vencida a treinta días del Banco de la Nación Argentina y 4) Imponer las costas de ambas instancias a las vencidas.

Atento lo decidido precedentemente corresponde adecuar los honorarios fijados en la anterior instancia, de conformidad con lo establecido por el artículo 279 del ordenamiento adjetivo y dentro de los límites del artículo 730 del Código Civil y Comercial de la Nación.

Ello así, valorando la calidad y extensión de la labor desplegada por los profesionales intervinientes dentro de las tres etapas en que se dividen los juicios ordinarios, monto de la condena con sus intereses, la existencia de un litisconsorcio pasivo perdedor, lo establecido por los artículos l, 6, 7, 11, 19, 37 y 38 de la ley 21.839 y concordantes de la 24.432 como así también lo decidido por la sala en cuanto a la forma de retribuir los emolumentos de los peritos psicólogos, que carecen de un arancel propio (conf. H 560.590 del 9/5/2012 entre otros), corresponde fijar los honorarios de la letrada apoderada de la parte actora, Dra. C. M. S., por su intervención tanto en el principal como en la incidencia de fs.723, en PESOS … ($ …-) y los de la letrada patrocinante de la misma parte, Dra. M.D'A., en PESOS … ($ …-); los de la letrada apoderada de la codemandada J. Tours, Dra. C. S. E., en PESOS … ($ …-); los de la letrada patrocinante de la codemandada Lesami SA., Dra. V. B., en PESOS … ($ …-) y los del apoderado de la misma parte, Dr. R.S. I., en PESOS … ($ …-). Asimismo, se fijan los honorarios de la perito psicóloga, Lic. A. S. T., en PESOS … ($ …-) y los de la mediadora, teniendo en cuenta la normativa vigente a la fecha de la mediación, según el criterio de esta sala, en PESOS … ($ …-).-

Por su labor en la alzada que diera lugar al presente fallo, se fijan los honorarios de la Dra. S., en PESOS … ($ …-) y los de la Dra. E., en PESOS … ($ …-) (arts. l, 6, 7, 14 de la 21.839 y conc. de la 24.432), sumas que deberán ser abonadas en el plazo de diez días.

Notifíquese en los términos de las Acordadas 31/11, 38/13 y concordantes, comuníquese a la Dirección de Comunicación Pública de la C.S.J.N. en la forma de práctica y devuélvase. SEBASTIÁN PICASSO (EN DISIDENCIA PARCIAL) – RICARDO LI ROSI – HUGO MOLTENI

ÍNDICE

Gustavo Néstor Fernández

ANOTACIONES

Gustavo Néstor Fernández